Das große Ravensburger Buch der

Ritter und Burgen

Das große Ravensburger Buch der

Ritter und Burgen

Ravensburger Buchverlag

Inhalt

Die Geschichte der Burgen

Die Anfänge	6
Das Burgenzeitalter	8
Die ersten Burgen	10
Die frühen Turmburgen	12
Große Burganlagen	14
Wohnturm und große Halle	16
Die Küche	18
Die Burgkapelle	20
Wirtschaftsgebäude	22
Sicherheit und Verteidigung	24
Kastellburgen	26
Wohnen auf der Burg	28
Vielfalt der Baustile	30
Wehrburgen	32
Das ausgehende Burgenzeitalter	34

Angriff und Verteidigung

Der Bau einer Burg	36
Die Bauhandwerker	38
Unter Belagerung	40
Eine Burg wird erobert	42
Verteidigungsanlagen	44

Ritter

Ritterrüstungen	46
Waffen	48
Ausbildung zum Ritter	50
Ritterturnier	52
Ritterwappen	54

Leben auf der Burg

Der Burgherr und seine Familie	56
Die Verwaltung	58
Die Soldaten	60
Ein Festbankett	62
Feste, Spiele und Theater	64
Die Jagd	66
Die Falknerei	68
Leben auf dem Land	70
Recht und Gesetz	72
Leben in der Stadt	74

Zum Weiterlesen

Zeittafel	76
Burgen in Europa	78
Burgen in Japan und im Mittleren Osten	82
Worterklärungen	84
Register	84

Die Anfänge

Im Europa des Mittelalters (500–1500 n. Chr.) gab es noch keine richtigen Straßen, Hochhäuser oder Großstädte, wie wir sie heute kennen. Die Dörfer oder kleinen Städte lagen weit auseinander, die Wege dorthin führten durch dichte Wälder und sumpfige Gegenden. Ab dem 10. Jh. prägten stark befestigte Burgen die Landschaft.

Was war eine Burg?
Eine Burg war Wohnsitz einer Adelsfamilie und Verteidigungsanlage für das umliegende Land. Vermutlich kommt das Wort „Burg" von den hölzernen Wohn-Wachtürmen, die in spätrömischer Zeit den Limes verstärkten.

Das Leben auf einer Burg
Neben dem Burgherrn wohnten seine Familie und seine Diener, Mägde und Knechte auf der Burg. Auch das Vieh (Hühner, Schweine, Kühe und Pferde) wurde innerhalb der Burgmauern gehalten. Auf den größeren Burgen mächtiger Adliger lebten außerdem deren Krieger und Ritter.

Das Leben auf einer Burg war für unsere heutigen Verhältnisse karg und unbequem, denn es gab weder Strom noch fließendes Wasser. Meist hatte nur die große Halle einen Kamin oder Ofen zum Heizen. Badezimmer gab es nicht, die Toiletten waren Plumpsklos. Dazu kam der Gestank des Viehs, und bei Regen verwandelte sich der ungepflasterte Burghof in einen Morast. So unterschiedlich die Burgen auch aussahen, immer zeigten sie, dass hier ein mächtiger Herr wohnte.

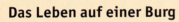
Die Burgbewohner suchen Schutz in der Burg vor dem Feind.

Wo wurden Burgen gebaut?
Die Lage der Burg war sehr wichtig für die Verteidigung. Deshalb baute man sie, wenn möglich, auf einem steilen Felsen. Burgen in der Ebene umgab man mit einem breiten Wassergraben, den man nur auf einer Zugbrücke überqueren konnte. Sie werden „Wasserburgen" genannt. Die Burgen beherrschten meist wichtige Handelsstraßen oder Flussübergänge (Furten). So war die Versorgung immer gesichert und bei einem Angriff konnte man schnell Boten zu den Verbündeten schicken.

Erste Wehranlagen

Burgen gab es nicht erst im Mittelalter. Schon die alten Ägypter bauten um 1800 v. Chr. Wehranlagen in der nubischen Wüste (Nordafrika).

Die Griechen bauten um 1450 v. Chr. die große Burg Mykene. Sie lag auf einem schwer bezwingbaren Berg und wurde ein Machtzentrum.

In der jüngeren Eisenzeit (ab 500 v. Chr.) baute man hölzerne Wall- oder Fluchtburgen. Bei einem Angriff fand ein ganzes Dorf darin Platz.

Wer durfte eine Burg bauen?

Wer eine Burg bauen durfte, bestimmte bis ins 13. Jh. allein der König. Baute jemand ohne seine Erlaubnis eine Burg, konnte es vorkommen, dass sie wieder abgerissen werden musste. Der Bau einer Burg dauerte sehr lange und kostete viel Geld. Doch für die Adligen bedeutete eine Burg große Macht, deshalb wollten viele eine Burg bauen. Die Burg diente nicht nur zum Schutz des umliegenden Landes und seiner Einwohner, sondern war auch Wirtschafts-, Verwaltungs- und Kulturzentrum.

Ein Adliger erbittet von seinem König die Erlaubnis für den Bau einer Burg.

Der Höhepunkt des Burgenbaus lag im 13. Jh., vor allem auch in Deutschland. Von Herzog Friedrich von Schwaben erzählte man, dass er „am Schweif seines Pferdes stets eine Burg nach sich zog", so viele Burgen ließ er errichten.
Die Burgen wurden zu Stammsitzen der Adelsgeschlechter und allmählich leiteten sie ihre Beinamen von ihnen ab. So stammten die schwäbischen Staufen-Kaiser von der Burg auf dem Berg Hohenstaufen.
Im Mittelalter wurden tausende von Burgen errichtet. Viele sind heute verschwunden, andere wurden zu Schlössern oder Festungen umgebaut. Von einigen stehen nur noch Ruinen.

950–1500 n. Chr.

Das Burgenzeitalter

Nach dem Tod Kaiser Karls des Großen (747–814), der über große Teile Deutschlands, Belgiens, Frankreichs und Italiens (karolingisches Reich) geherrscht hatte, zerfiel Europa in viele kleine Herrschaftsgebiete. Diese bekriegten sich ständig und die herrschenden Adelsfamilien verschanzten sich auf ihren Burgen.

Das Lehnswesen
Typisch für das Mittelalter ist das Lehnswesen (Feudalsystem). Der König verlieh Land (Lehen = leihen) und Ämter an Herzöge, Grafen oder Bischöfe (Kronvasallen). Dafür mussten diese ihm Treue schwören und Dienste leisten. Die Kronvasallen verliehen Land an Untervasallen wie die Ritter. Diese schworen ihrem Lehnsherrn (nicht dem König) Treue und leisteten für ihn Kriegsdienst. Von den Untervasallen erhielten die abhängigen Bauern (Leibeigene, Hörige) Schutz und Land zum Bewirtschaften und gaben dafür einen Teil ihrer Ernte ab.

Die Gesellschaft
Die mittelalterliche Gesellschaft war zunächst unterteilt in drei Gruppen: Adlige, Geistliche und Bauern. Freie Bauern gab es nur wenige.

Ab dem 11. Jh. wurden die Städte größer und mächtiger und ihre Bürger (Kaufleute und Handwerker) gewannen an gesellschaftlichem Einfluss.

Streit um Land und Thron
England und Frankreich hatten im Mittelalter ein besonders schwieriges Verhältnis zueinander: Beide Königreiche waren durch Heirat eng verbunden. Die englischen Könige besaßen viel Land in Frankreich und hatten sogar Anspruch auf den französischen Thron. Die französischen Könige wehrten sich, und es gab ständige Auseinandersetzungen um die Vorherrschaft in Frankreich.

Das Lehnswesen

Die Kronvasallen versorgten ihren Herrscher mit Geld, Waffen und Rittern.

Die Ritter erhielten Land als Entlohnung für den Kriegsdienst.

Die Bauern erhielten von ihren Rittern Land und Schutz.

Der Herrscher (Lehnsherr) verschenkte Land an hohe Adlige und geistliche Würdenträger, die ihn unterstützten.

Nur sehr wenige Bauern besaßen eigenes Land und waren frei.

Die Bauern bewirtschafteten das Land. Dafür gaben sie einen Teil ihrer Ernte (Zins) an den Lehnsherrn und arbeiteten für ihn (Frondienst). Sie waren Leibeigene und durften ihren Wohnort nicht ohne Erlaubnis verlassen.

Die Rangordnung

Es gab eine sehr strikte Rangordnung innerhalb der Gesellschaft und auch innerhalb der Burg. Für niemand bestand die geringste Möglichkeit, aus seiner Schicht aufzusteigen.

Der Herrschaftsbereich

Es gab verschiedene Bereiche auf der Burg, die verwaltet werden mussten: Haushalt, Landgut, Verteidigung und Kirche. Der Burgherr herrschte über alles, hatte aber für jeden Bereich seinen Verwalter.

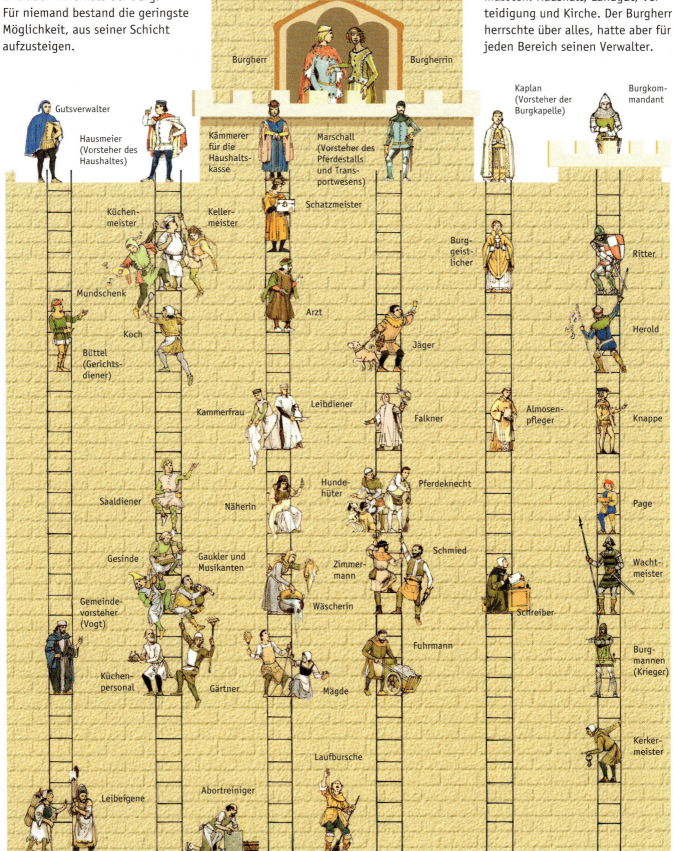

800–110 v. Chr.

Die ersten Burgen

Die ersten Burgen in Europa entstanden im 9. Jh. als Zufluchtsorte vor den Normannen (Wikinger), Ungarn und Sarazenen. Es waren Wehranlagen, die zunächst der König bauen ließ, um die Grenzen seines Landes und die Bevölkerung zu schützen. Doch bald mussten die Adelsfamilien dem König bei der Verteidigung helfen. Sie bauten Burgen, in denen zunächst ihre Krieger wohnten. Um eine Versammlungshalle, Kapelle und Stallungen wurde ein hoher Holzzaun (Palisade) und ein Graben gezogen. Das war eine so genannte Vorburg.

Überfall der Wikinger

Auf dem Hügel

Von dieser Vorburg führte eine Brücke zu einem Wohnturm (Bergfried) auf einem künstlichen Hügel (Motte). Der Wohnturm war ebenfalls von einer Palisade umgeben. Von der Anhöhe aus hatte der Burgherr eine gute Übersicht über das Land und war vor Feinden zunächst sicher. Auch die Krieger flüchteten bei einem Überfall auf die Motte. Eine Zugbrücke verhinderte den Angreifern den Zugang zum Wohnturm.

Burgen als Zufluchtsorte

Mit der Einführung des Lehnswesen entstanden bald viele Burgen. Hatte ein Adliger von seinem Lehnsherrn ein Stück Land bekommen, holte er sich rasch die Erlaubnis, eine Burg zu bauen. Die Burg schützte ihn nicht nur vor Überfällen fremder Volksstämme, sondern auch vor anderen Adligen, die Anspruch auf sein Land erhoben.

Diese Ritter jagen aus der Turmhügelburg hinaus, um einen Wikingerüberfall auf ein Dorf zu verhindern.

Diese Brücke wurde bei einem Angriff auf die Burg hochgezogen.

Im Innern der Vorburg befanden sich die Stallungen, Werkstätten und eine Kapelle.

Große Halle

Kapelle

Holzpalisade

Wache

Die Vorburg befand sich unterhalb der Motte.

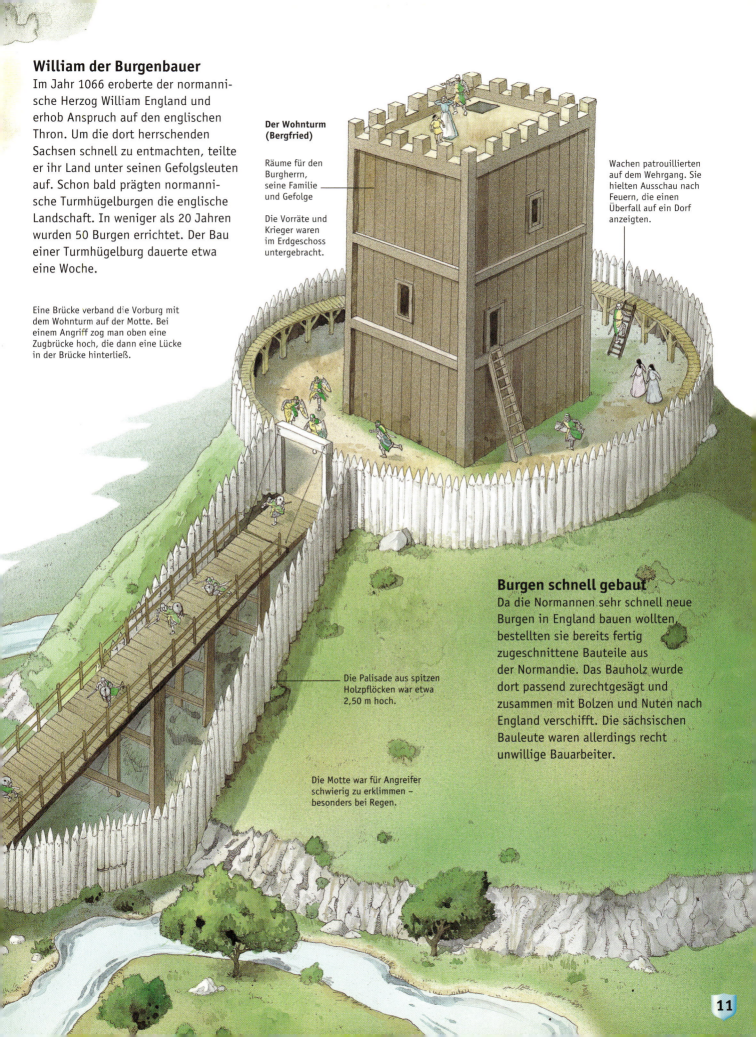

William der Burgenbauer

Im Jahr 1066 eroberte der normannische Herzog William England und erhob Anspruch auf den englischen Thron. Um die dort herrschenden Sachsen schnell zu entmachten, teilte er ihr Land unter seinen Gefolgsleuten auf. Schon bald prägten normannische Turmhügelburgen die englische Landschaft. In weniger als 20 Jahren wurden 50 Burgen errichtet. Der Bau einer Turmhügelburg dauerte etwa eine Woche.

Eine Brücke verband die Vorburg mit dem Wohnturm auf der Motte. Bei einem Angriff zog man oben eine Zugbrücke hoch, die dann eine Lücke in der Brücke hinterließ.

Der Wohnturm (Bergfried)

Räume für den Burgherrn, seine Familie und Gefolge

Die Vorräte und Krieger waren im Erdgeschoss untergebracht.

Wachen patrouillierten auf dem Wehrgang. Sie hielten Ausschau nach Feuern, die einen Überfall auf ein Dorf anzeigten.

Die Palisade aus spitzen Holzpflöcken war etwa 2,50 m hoch.

Die Motte war für Angreifer schwierig zu erklimmen – besonders bei Regen.

Burgen schnell gebaut

Da die Normannen sehr schnell neue Burgen in England bauen wollten, bestellten sie bereits fertig zugeschnittene Bauteile aus der Normandie. Das Bauholz wurde dort passend zurechtgesägt und zusammen mit Bolzen und Nuten nach England verschifft. Die sächsischen Bauleute waren allerdings recht unwillige Bauarbeiter.

1070–1200

Die frühen Turmburgen

Die Holzburgen waren zwar einfach und schnell zu bauen, doch sie konnten auch genauso schnell wieder zerstört werden. Um 1070 entstanden die ersten Wohntürme aus Stein. Der Bau war langwierig und kostspielig – aber Stein bot mehr Sicherheit vor Feuer und feindlichen Angriffen.

Rechteckige Turmburg
(ca. 1070)
Die ersten Steinburgen ähnelten den Turmhügelburgen (Motten). Sie besaßen jedoch keine Vorburg, sondern alle wichtigen Gebäude waren auf die Stockwerke eines Turms verteilt. Ein Vorbau und Eingang im ersten Stock sollte Angreifern den Zugang erschweren. Der meist massige Turm mit den schmalen Fenstern wirkte schon von weitem bedrohlich und uneinnehmbar.

Runde Turmburg (ca. 1100)
Viele Burgherren errichteten keinen neuen Wohnturm, sondern ersetzten lediglich die Holzpalisade durch eine Steinmauer. Die Wirtschaftsgebäude wurden an die Mauer angebaut. Diese Burgen nennt man auch „Schellkeep" nach dem englischen Vorbild.

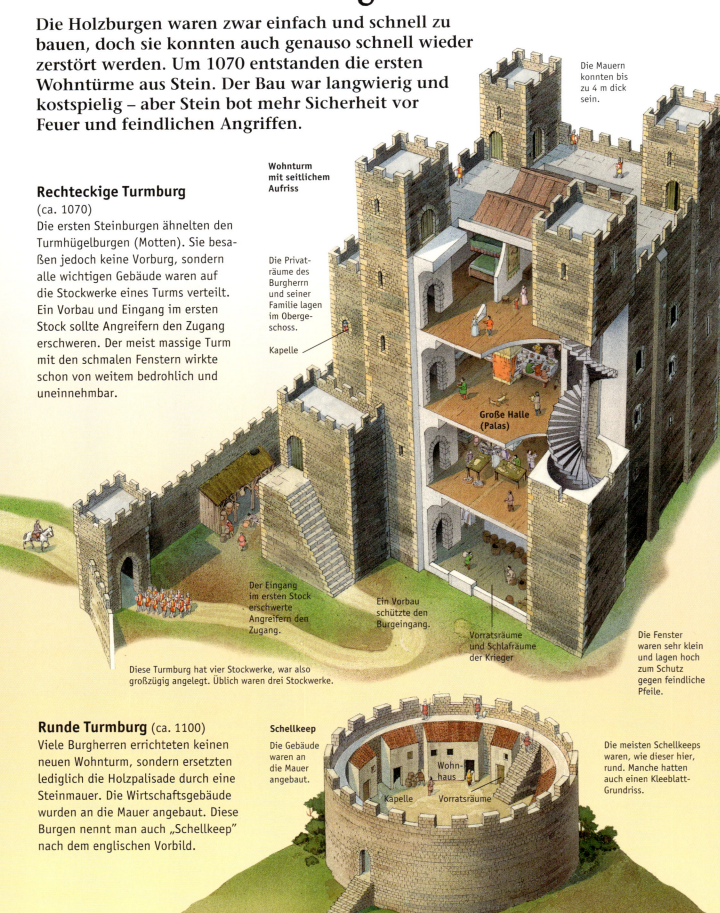

Wohnturm mit seitlichem Aufriss

Die Mauern konnten bis zu 4 m dick sein.

Die Privaträume des Burgherrn und seiner Familie lagen im Obergeschoss.

Kapelle

Große Halle (Palas)

Der Eingang im ersten Stock erschwerte Angreifern den Zugang.

Ein Vorbau schützte den Burgeingang.

Vorratsräume und Schlafräume der Krieger

Die Fenster waren sehr klein und lagen hoch zum Schutz gegen feindliche Pfeile.

Diese Turmburg hat vier Stockwerke, war also großzügig angelegt. Üblich waren drei Stockwerke.

Schellkeep
Die Gebäude waren an die Mauer angebaut.

Wohnhaus
Kapelle Vorratsräume

Die meisten Schellkeeps waren, wie dieser hier, rund. Manche hatten auch einen Kleeblatt-Grundriss.

Mehreckige Turmburgen
(ca. 1150)

Die rechteckigen Turmburgen hatten ihre Nachteile. Die Bogenschützen konnten aus den kleinen Fenstern nur geradeaus schauen, sahen also nicht die Feinde, die von links oder rechts kamen. Zudem war es möglich, die Ecken des Turms oder sogar den ganzen Turm mit einem Graben zu unterhöhlen (unterminieren), was dann zum Einsturz führte. Die Baumeister entwarfen deshalb Burgen mit einem sechs- oder achteckigen Grundriss. Nun hatten die Schützen einen besseren Überblick über das umliegende Land. Der Baumeister der Burg unten fügte vier rechteckige Türme an den Wohnturm an.

Runde Turmburgen (ca. 1150)

Die runde Turmburg hatte viele Vorteile: Sie hatte keine Ecken, die man untergraben konnte, und Geschosse prallten an ihrer runden Mauer besser ab. Aus den Scharten hatten die Bogenschützen einen wesentlich besseren Überblick über die Angreifer.

Aufriss einer mehreckigen Turmburg

Im Obergeschoss der Türme lagen Räume für die Wachmänner.

Grundriss einer runden Turmburg
- Aborterker (Toilette)
- Große Halle (Palas)
- Kapelle
- Eingangshalle
- Gemach der Burgherrenfamili (Kemenate)

Obere Halle

In der oberen Halle fanden Bankette und Festlichkeiten statt.

Die untere Halle war für den alltäglichen Gebrauch.

Küche

Untere Halle

Kapelle

In einer kleinen Küche neben der unteren Halle wurde das Essen aus der Hauptküche aufgewärmt.

Die Eingangshalle. Darunter befand sich meist eine Gefängniszelle, in der aber nur für kurze Zeit Gefangene festgehalten wurden.

Stützpfeiler

1200–1600

Große Burganlagen

Im Laufe der Zeit strebten die Burgherren nach mehr Wohnkomfort. Der Wohnturm war immer dunkel, kalt und sehr verrußt durch die Küchen- und Kaminfeuer sowie die Fackeln und Kerzen zur Beleuchtung. Viel Platz für Privatgemächer gab es auch nicht.

Wohntürme (ca. 1200)
Die Burgherren lagerten ihre Privaträume, die Unterkünfte für die Krieger und die Küche aus dem Turm in eigene Gebäude aus. Der Turm diente jetzt nur noch als Gefängnis oder Zufluchtsort bei einem Angriff. Die Ringmauer wurde erhöht und mit Wachtürmen und Wehrgängen versehen.

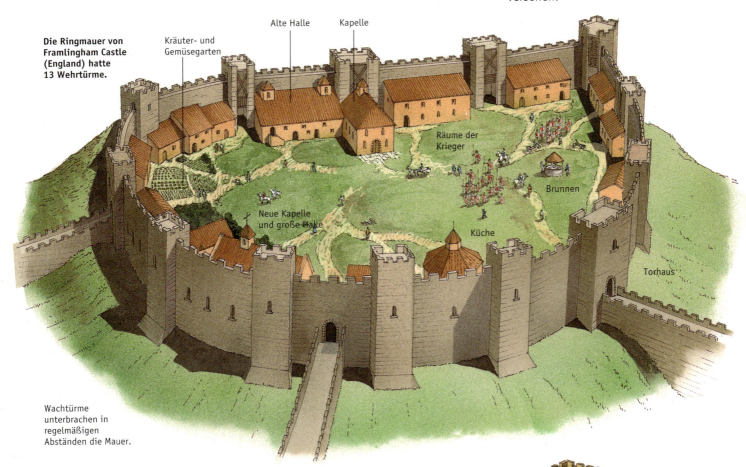

Die Ringmauer von Framlingham Castle (England) hatte 13 Wehrtürme.

Kräuter- und Gemüsegarten

Alte Halle

Kapelle

Räume der Krieger

Brunnen

Neue Kapelle und große Halle

Küche

Torhaus

Wachtürme unterbrachen in regelmäßigen Abständen die Mauer.

Die Toranlage

Das schwere, mit Eisen beschlagene Burgtor musste besonders gesichert werden. Meist standen zwei Türme (Flankierungstürme) rechts und links vom Tor. In den Türmen befanden sich Räume für die Wachmänner. Schwere Torflügel und eine Zugbrücke schützten den Eingang. Der Torduchgang war oft zusätzlich durch ein eisernes Fallgatter versperrt. Durch Deckenöffnungen im Torduchgang konnten Angreifer mit Steinen oder Pfeilen bombardiert oder mit Pech übergossen werden.

Eine Burgtoranlage

Die Wachstuben waren im Erdgeschoss der Türme.

Ein Fallgatter (eisernes Tor zum Hochziehen und Runterlassen) sicherte den Eingang.

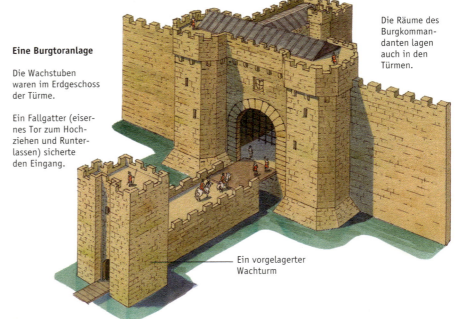

Die Räume des Burgkommandanten lagen auch in den Türmen.

Ein vorgelagerter Wachturm

Kastellburgen (ab ca. 1280)

Im späten 13. Jh. gaben die Burgenbauer ihren Anlagen eine neues Aussehen. Sie bevorzugten Wasserburgen und legten Wert auf geometrisch gleichmäßige Grundrisse. Die eigentliche Burg mit ihrer hohen Ringmauer wurde häufig von einer weiteren, niedrigeren Ringmauer geschützt. Die Türme der Mauern standen versetzt hintereinander. So behinderten sich die Schützen beim Schießen nicht gegenseitig.

Aber die Idee mit den unterschiedlich hohen Mauern war nicht neu. Vorbild war vermutlich die Landmauer von Konstantinopel (heute Istanbul) aus dem 5. Jh. Die Anlage hatte drei unterschiedlich hohe Ringmauern.

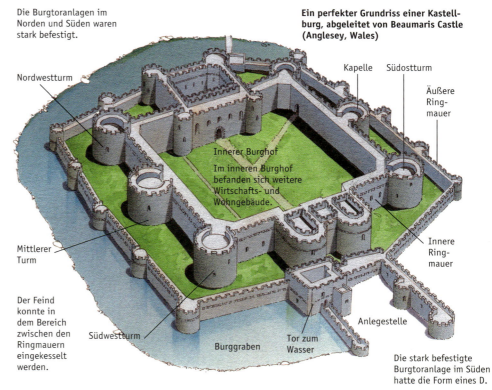

Die Burgtoranlagen im Norden und Süden waren stark befestigt.

Ein perfekter Grundriss einer Kastellburg, abgeleitet von Beaumaris Castle (Anglesey, Wales)

Nordwestturm — Kapelle — Südostturm — Äußere Ringmauer

Innerer Burghof
Im inneren Burghof befanden sich weitere Wirtschafts- und Wohngebäude.

Mittlerer Turm — Innere Ringmauer

Der Feind konnte in dem Bereich zwischen den Ringmauern eingekesselt werden.

Südwestturm — Burggraben — Tor zum Wasser — Anlegestelle

Die stark befestigte Burgtoranlage im Süden hatte die Form eines D.

Eine Kastellburganlage, geeignet für Angriff und Verteidigung

Der Feind wird von drei Ebenen aus beschossen.

Spätere Burgen (ca. 1380)

Im späten 14. Jh. stand beim Bau einer Burg weniger die Verteidigung im Vordergrund als vielmehr der Wohnkomfort und vor allem die Darstellung von Macht.

Die Burg El Real de Manzanares in Spanien

El Real de Manzanares ist ein Beispiel für den schlossartigen Burgenbau: eine starke Befestigungsanlage mit aufwändig gestalteten Wohngebäuden.

Diese Steinkugeln sind ein typisches Architekturmerkmal für spanische Burgen.

Die Verteidigungsanlagen rund um die Türme hatten keinen wirklichen Nutzen. Sie dienten nur der Dekoration, was den Reichtum des Burgherrn herausstellen sollte.

15

Wohnturm und große Halle

Das Herz der Burg war die große Halle. Hier wurde gegessen, gefeiert und geschlafen. In der Halle empfing der Burgherr Gäste von nah und fern. Deshalb wurde der Raum mit Wandteppichen und Malereien ausgeschmückt. Dies sollte die Macht und den Reichtum des Besitzers zeigen. In der Halle fanden auch Gerichtsverhandlungen statt, wurden Boten empfangen, Versammlungen abgehalten und Kriegspläne besprochen.

Die Kemenate

In den meisten Wohntürmen gab es auch einen Privatraum (Kemenate) des Burgherrn und seiner Frau, der einzige beheizte. Er lag in der Nähe der großen Halle. Die Kemenate war nachts Schlafraum und tagsüber Aufenthaltsraum für die Burgherrin. Hier stickte und nähte sie mit ihren Kammerfrauen und tauschte Neuigkeiten aus.

Dekoration

Die große Halle war das Schmuckstück der Burg und wurde dementsprechend ausgestattet. Kostbare Teppiche hingen an den Wänden und hielten den kalten Wind ab. Wandmalereien schmückten die sonst grauen Steinwände. Kunstvoll verzierte Deckenbalken und kostbare Möbel sollten Eindruck auf die Besucher machen. Die große Halle wurde durch ein Kaminfeuer beheizt. Unzählige Kerzen und Fackeln sorgten für Licht. Doch es war nicht sehr gemütlich, sondern zugig, verrußt und rauchig.

Die Wände der Privaträume waren oft mit Wandmalereien verziert. Diese Malerei stammt aus dem Papstpalast in Avignon.

Ein Tag auf der Burg

Da es damals kein elektrisches Licht gab, standen die Menschen bei Tagesanbruch auf. Nach dem Gebet stellten die Mägde Tische und Bänke auf und servierten Brot und Bier zum Frühstück.

Dann wurden die Tische und Bänke wieder weggeräumt. Der offizielle Teil des Tages begann. Der Burgherr hielt Gericht und empfing Boten. Mittags wurde der Raum kurz wieder zum Speisesaal.

Wenn die Sonne unterging, gab es Abendessen. Danach wurde die große Halle zum Schlafsaal. Matratzen aus Stroh und Decken bedeckten den Boden. Alle Burgbewohner schliefen gemeinsam im Saal.

1100–1400

Die Küche

In den frühen Burgen wurde in der großen Halle auch gekocht. Doch schon bald lagerte man die Küche in ein eigenes Gebäude im Burghof aus, denn die Brandgefahr war zu groß. Je größer die Burg war, desto größer waren die Küche und die Anzahl der Vorratsräume. In einigen Burgen gab es eine kleine Küche direkt neben der großen Halle. Dort wurden die Speisen, die aus der weiter entfernten Haupt-küche kamen, wieder aufgewärmt.

Mittelalterliche Darstellung einer Küche

Festbankette

Auf der Burg wohnten immer viele Menschen, für die gekocht werden musste. Häufig kamen auch Gäste mit einem ganzen Reitertross oder gar der König mit seinem Gefolge. Dann musste das Küchenpersonal von morgens bis nachts Essen zubereiten und servieren, manchmal für über hundert Menschen. Da es noch keine Küchenmaschinen gab, arbeiteten viele Mägde, Knechte und Köche in der Küche.

Küchengeschirr

Für diese Mengen an Essen brauchte der Koch große Kessel und Pfannen. Gekocht wurde aber nicht auf Herdplatten, sondern die Kessel hingen an schweren Eisenketten über einem Feuer. Der Braten schmorte auch nicht im Backofen, sondern wurde an einem großen Spieß über dem offenen Feuer gedreht. Das Kochgeschirr war aus Kupfer, Bronze oder Messing, das Geschirr aus Steingut. Nur reiche Burgherren konnten ihre Tafel mit Zinn- oder sogar mit Silber- oder Goldteller decken.

In der Burgküche wird für ein Festbankett gekocht.

Ein Knecht bringt ein erlegtes Reh.

Das Brot wird im Steinofen gebacken.

Große Kessel

Fleisch am Spieß

Spießdreher

Die Magd rupft eine Gans.

Der Küchenjunge hat Wasser aus dem Burgbrunnen geholt.

18

Die Speisekammer

In der Speisekammer wurden Brot, geräucherte Schinken und andere Lebensmittel aufbewahrt, die nicht so schnell verdarben. Der Haushofmeister und der Küchenmeister mussten kontrollieren, was gebraucht wurde und was fehlte.

Reiche Burgherren schenkten den Wein aus Zinnkrügen wie diesem aus.

Der Keller

In der Burgküche gab es noch keinen Kühlschrank. Die leicht verderblichen Speisen wurden im Keller aufbewahrt. Das war der kälteste Ort der Burg. Um das Fleisch haltbar zu machen, wurde es gepökelt oder geräuchert. Fisch salzte man ein.

Der Weinkeller

Im Weinkeller lagerten die Bier- und Weinfässer. Bier und Wein wurden in Krüge (Stein oder Zinn) abgefüllt. Diese Getränke waren beliebter als der Honigwein (Met), wären für uns heute aber ungenießbar gewesen. Das Bier war zu wässrig und der Wein wurde mit Kräutern und exotischen Gewürzen vermischt.

Das Brauhaus

Viele Burgen brauten ihr eigenes Bier. Es war das Hauptgetränk jener Zeit, denn es gab weder Saft noch Kaffee oder Tee. Das Bier aus Hafer, Weizen, Gerste und Wasser war ziemlich leicht und wurde auch von den Kindern getrunken.

Frisches Wasser

Das frische Wasser holte der Küchenjunge aus dem Brunnen, der tief in die Erde gebohrt wurde. Er befand sich meist im Burghof, manchmal sogar im Wohnturm selbst. So war das Wasser für die Burgbewohner bei Belagerungen geschützt und sicher vor der drohenden Vergiftung durch Feinde.

Die Grabplatte des Küchenmeisters zeigt ihn in Ritterrüstung und mit Schild.

Ein Küchenmeister wird Ritter

Gute Köche waren selten und hoch geschätzt. König Karl VI. von Frankreich war so zufrieden mit seinem Küchenmeister, dass er ihn zum Ritter schlug. Der Ritter leugnete seine Herkunft nie: Auf seinem Wappen waren drei Töpfe abgebildet.

ab 1100
Die Burgkapelle

In der Zeit, als die ersten Steinburgen aufkamen, ersetzten viele Burgherren zunächst nur ihre Holzpalisade durch eine Steinmauer. Diesen Burgentyp nennt man Turmburg oder „Schellkeep". Er war besonders in England verbreitet.

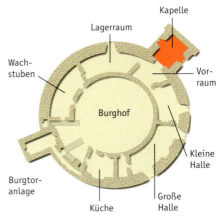

Der Grundriss vom Erdgeschoss einer runden Turmburg

Eine runde Turmburg (Schellkeep)

Die Kapelle

In dem Grundriss der runden Turmburg rechts ist einer der wichtigsten Räume hervorgehoben: die Kapelle. Wenn die Ausstattung der Burgen gewöhnlich auch unterschiedlich war, eine Kapelle hatten sie alle. Manchmal sogar zwei: eine für die Burgfamilie und eine für die Dienerschaft. Religion spielte im Alltag der Menschen des Mittelalters eine sehr große Rolle. Jeder ging am Sonntag in die Messe. Die Kirche stellte die gesellschaftlichen Regeln auf und setzte fest, was die Menschen tun mussten, um in den Himmel zu kommen.

Abendmahlskelch aus Gold

Eine Schauspieltruppe führt zum Feiertag die Geburt Jesu auf.

An Feiertagen kamen häufig Schauspielergruppen, die Szenen aus der Bibel spielten.

Die Menschen tanzen auf der Straße.

Der Kaplan macht die Menschen auf die Aufführung aufmerksam.

Ein Almosenpfleger verteilt Essen an die Armen.

Der Kaplan

Der Kaplan war verantwortlich für den religiösen Teil des Burgalltags. Er hielt die Gottesdienste und sagte ein kurzes Gebet vor jeder Mahlzeit. Da er als einer der wenigen Menschen auf der Burg lesen und schreiben konnte, war er für die Burgchronik zuständig, überwachte die Schreiber und half dem Burgherrn bei der Verwaltung seines Besitzes. Einige Kapläne unterrichteten auch die Pagen. (Das waren die Söhne Adliger, die zu Rittern ausgebildet werden sollten.*)

Der Almosenpfleger

Wollte man ein guter Christ sein, so hieß es damals, musste man von seinem Besitz auch etwas den Armen geben. Auf den meisten Burgen gab es daher einen Almosenpfleger, der dafür sorgte, dass Geld und Essen an die Armen verteilt wurden.

Die Armen und Kranken waren auf diese Almosen angewiesen. Ohne diese Spenden mussten sie verhungern. Im Mittelalter gab es keine Kranken- und Arbeitslosenversicherung und keine Rente.

Feiertage und kirchliche Feste

Die kirchlichen Feiertage spielten im Mittelalter eine sehr große Rolle. Sie wurden aufwändig gefeiert und niemand musste arbeiten. Gaukler und Musikanten waren von Burg zu Burg unterwegs, um die Menschen zu unterhalten. Sie besaßen zwar ein geringes Ansehen, doch sie wurden meist begeistert begrüßt. Sie brachten neben Unterhaltung und Abwechslung auch Neuigkeiten aus aller Welt mit. Denn nur die wenigsten kamen weiter herum als bis in die nächste Stadt.

Die Pilger

Sehr gläubige Menschen wanderten zu oft weit entfernten heiligen Stätten, um dort ihr Heil zu finden. Klopften sie an das Burgtor und baten um eine Übernachtung, so musste der Burgherr sie aufnehmen.

Dieses Gemälde zeigt Pilger auf der Reise.

*siehe Seite 50

ca. 1150–1200

Wirtschaftsgebäude

Um dem dichten Gedränge im Wohnturm zu entkommen, verlagerten viele Burgherren die Räume in eigenständige Gebäude entlang der Burgmauer. Werkstätten wie Schmiede oder Schreinerei kamen hinzu. Der Wohnturm, auch Bergfried genannt, blieb bestehen, aber er war nur noch Zufluchtsort bei Überfällen.

Plan einer vieleckigen (polygonalen) Turmburg mit Außengebäuden

Schmied · Zimmermann · Stall · Marstall · Pfeilbauer · Kapelle · Pferdestall · Burghof · Wehrturm · Schlafstuben der Burgmannen · Burgbrunnen · Große Halle · Küche · Hundezwinger

Der Schmied

Der Schmied war einer der wichtigsten Handwerker des Burgherrn. Er war Mechaniker, Waffenbauer und Werkzeugmacher in einem. Er beschlug nicht nur die Hufe der Pferde, sondern fertigte auch Werkzeuge und Waffen an. Diese musste er natürlich ständig reparieren, ebenso wie die restlichen Werkzeuge der Handwerker auf der Burg. Der Schmied stellte auch die Kettenpanzer für die Rüstungen her. Kunstvoll wurden tausende von kleinen Eisenringen ineinander vernietet.

Inneres einer Schmiede

Der Pfeilbauer

Der Schmied fertigte die Pfeilspitzen an, der Pfeilbauer (Fletcher) den Schaft mit den Federn. Der Schaft wurde aus Holz (Kiefer, Pinie oder Zeder) geschnitzt. Die Federn stammten meist von der Gans und dem Greifvogel. Ein gut ausgebildeter Bogenschütze konnte alle paar Sekunden einen Pfeil abschießen.

Pfeilspitzen werden angefertigt

Der Burgherr

Feuer

Amboss

Ein Lehrling schmilzt Eisen im Feuer.

Der Hufschmied fertigt ein Hufeisen an.

Der Schmied repariert die „Kniekachel" der Ritterrüstung.

Die Werkstatt des Pfeilbauers

Der Lehrling schaut zu, wie man die Federn am Schaft befestigt.

Der Zimmermann

Der Zimmermann hatte ebenfalls viele Aufgaben. Er baute Häuser und Möbel und machte Werkzeug. Er fertigte auch Geschirr, wie zum Beispiel große Holzschüsseln. Außerdem wurden Räder in der Schreinerei repariert und die Rahmen für die Schilde gebaut.

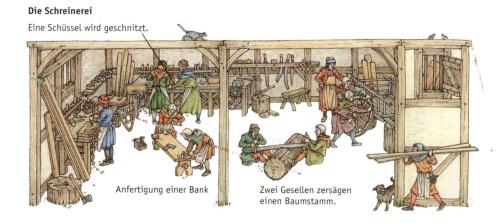

Die Schreinerei

Eine Schüssel wird geschnitzt.

Anfertigung einer Bank

Zwei Gesellen zersägen einen Baumstamm.

22

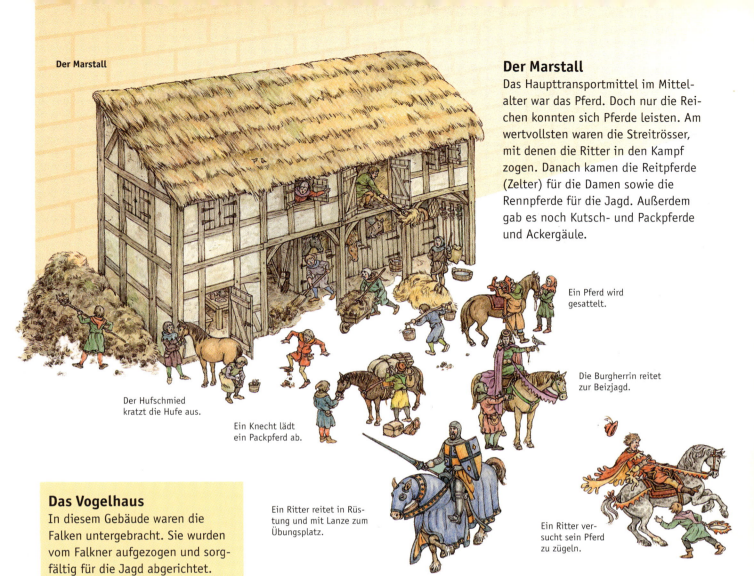

Der Marstall

Der Marstall

Das Haupttransportmittel im Mittelalter war das Pferd. Doch nur die Reichen konnten sich Pferde leisten. Am wertvollsten waren die Streitrösser, mit denen die Ritter in den Kampf zogen. Danach kamen die Reitpferde (Zelter) für die Damen sowie die Rennpferde für die Jagd. Außerdem gab es noch Kutsch- und Packpferde und Ackergäule.

Ein Pferd wird gesattelt.

Die Burgherrin reitet zur Beizjagd.

Der Hufschmied kratzt die Hufe aus.

Ein Knecht lädt ein Packpferd ab.

Ein Ritter reitet in Rüstung und mit Lanze zum Übungsplatz.

Ein Ritter versucht sein Pferd zu zügeln.

Das Vogelhaus

In diesem Gebäude waren die Falken untergebracht. Sie wurden vom Falkner aufgezogen und sorgfältig für die Jagd abgerichtet.

Die Falken wurden auch ausgeführt. Um sie zu beruhigen, bespritzte man sie mit Wasser.

Im Mittelalter bewohnten es die Jagdfalken des Burgherrn. Mit ihnen jagte man kleine Tiere wie Kaninchen oder andere Vögel. Die Jagdvögel wurden vom Falkner und seinen Gehilfen ausgebildet*.

*siehe Seite 68

Der Hundezwinger

Hunde wurden als Wach- und Schoßhunde gehalten und vor allem für die Jagd. Im Mittelalter war die Jagd weniger ein Sport, sondern der Adel beschaffte sich so das Fleisch. Deshalb waren die Jagdhunde besonders wertvoll. Die Meute wurde oft besser versorgt als ihre Betreuer. Spezielle Hunderassen, wie wir sie heute kennen, gab es nicht.

Die Hunde erledigten verschiedene Aufgaben bei der Jagd: Der Laufhund (Bluthund) stöberte die Beute auf, Bracke und Windhund jagten sie.

Ein Jäger führt die Hunde aus

mittelalterliche Jagdhunde

Windhund

Windhund

Laufhund

Bracke

Schoßhund der Burgherrin

Sicherheit und Verteidigung

Da Überfälle auf Burgen an der Tagesordnung waren, war eine gute Verteidigungsanlage für die Burg besonders wichtig. Mächtige Burgmauern mit Wehrgängen und Wehrtürmen wurden gebaut. Den Eingang sicherten eine Zugbrücke und das Burgtor mit seinen Wachtürmen.

Die ersten Burgtoranlagen hatten nur einen Turm. Feinde wurden von oben mit Pfeilen beschossen.

Später flankierten zwei Türme das Tor, was eine bessere Verteidigung ermöglichte.

Die Burgtoranlage

In den Türmen des Burgtors befanden sich die Räume des Burgkommandanten und der Burgmannen, die für die Sicherheit der Burg zuständig waren. Auf den Türmen standen Wachen und kontrollierten die ein- und ausgehenden Kaufleute und Reisenden. Der Burgkommandant schickte Patrouillen in die Dörfer und über das Land, um Banditen und andere Unruhestifter zu fangen. Die Burgmannen verbrachten außerdem ihren Tag mit Übungen im Bogenschießen und Schwertkampf, um für einen Angriff gerüstet zu sein.

Ein Querschnitt durch eine Burgtoranlage

Privatgemach des Burgkommandanten

Burgmannen beim Würfelspiel

Wachraum

Zur Sicherheit führte keine Treppe zu den oberen Räumen.

Arbeitszimmer des Burgkommandanten

Im Schlafsaal hatte jeder Krieger seine Strohmatratze und Decke, eine Truhe und einen Haken für seinen Umhang.

Die Waffen wurden in der Rüstkammer aufbewahrt.

Lanzen

Der Burgvogt

Der Burgvogt verwaltete die Burg in Abwesenheit des Burgherrn. Seine Aufgaben waren, die Burg vor Überfällen zu schützen und seine bewaffneten Männer jederzeit für einen Angriff bereitzuhalten. Auch die Ausbesserungen der Burgmauern und des Bergfrieds gehörten dazu. Der Burgkommandant achtete darauf, dass jeder Ritter seinen Kriegsdienst (40 Tage) gegenüber dem Lehnsherrn ableistete. Häufig war er auch für die ganze Verwaltung und die Rechtsprechung in der Burg zuständig.

Der Kerkermeister

Ebenfalls für Sicherheit in der Burg zuständig, allerdings für die der Gefangenen, war der Kerkermeister. Jede Burg besaß ein Verlies für Gefangene, manche sogar eine Folterkammer. In den dunklen und feuchten Gefängniszellen warteten meist Leibeigene oder Landstreicher auf ihre Verurteilung.

Es gab auch noble Gefangene: feindliche Ritter oder Adlige, die im Krieg oder aus politischen Gründen festgehalten wurden. Man erhoffte sich ein Lösegeld von ihrer Freilassung. Diese Gefangenen wurden in Burggemächern eingesperrt und mit gutem Essen versorgt.

Auch Richard I. Löwenherz von England (1157–1199) war lange gefangen. Auf seiner Rückkehr vom 3. Kreuzzug wurde er 1192 von Herzog Leopold von Österreich gefangen genommen und an den deutschen Kaiser Heinrich VI. ausgeliefert. Nachdem Richard eine sehr hohe Lösegeldsumme (150 000 Mark Silber) gezahlt und den Lehnseid geleistet hatte, kam er im Jahr 1194 frei.

Das Verlies

Jede Burg hatte ein Verlies (von verlieren, früher ferliesen) oder Kerker (von lat. carcer), in dem Gefangene eingesperrt wurden. Nachdem der Bergfried als Wohnturm aufgegeben wurde, verwendete man diesen oft als Gefängnis.

Die Gefangenen wurden hier im frühen Mittelalter auf unbestimmte Zeit eingesperrt. Wurde die Strafe gnadenhalber umgewandelt, dann nur in die Todesstrafe.

Im Spätmittelalter war das Verlies nur ein Ort, wo die Angeklagten bis zur Verurteilung untergebracht wurden. Länger verwahrt wurden meist nur noch wegen Hausarrests Verurteilte oder Schuldner.

Die Gefangenen saßen in kalten und feuchten Kellern, häufig ganz im Dunkeln. Sie erhielten Wasser und Brot und wurden sich selbst überlassen. Krankheiten wurden nicht behandelt. Glück hatte, wer sich ein wenig von der eigenen Familie versorgen lassen durfte. Die wenigsten Gefangenen verließen den Kerker lebend, andere waren für den Rest ihres Lebens gezeichnet.

Ein Leibeigener sitzt als Gefangener im Verlies.

Die Familien der Gefangenen bestachen oft den Kerkermeister, um Essen und Decken bringen zu können.

Die Gefangenen wurden mit Eisenketten an die Wand gekettet.

Die Gefangenen bekamen nur Wasser und Brot.

ab 1270

Kastellburgen

Die bisherigen Wehrmauern und Burgtoranlagen genügten den Burgherren bald nicht mehr. Sie wollten noch stärker gesicherte Wehranlagen. So legten sie mehrere Wehranlagen in Ringen um die eigentliche Burg. Diese war damit einfach zu verteidigen und schwer anzugreifen. Hatten die Feinde die erste Schutzmauer überwunden, konnte man sie zwischen der ersten und zweiten Mauer einkesseln.

Ein perfektes Bollwerk

Beaumaris Castle auf der Insel Anglesey in Wales wurde 1295 als letzte der geplanten Burgen von den Bauleuten König Edwards in Angriff genommen. Die Bauzeit zog sich über 30 Jahre hin. Dann hatte der König kein Geld mehr, der Bau wurde nicht vollendet. Doch der Grundriss ist der einer perfekt gestalteten Kastellburg. Das gewaltige Bollwerk flößt auch unvollendet Furcht ein und wirkt uneinnehmbar.

Edward, König der Burgen

Caerphilly Castle in Wales war eine der ersten Kastellburgen in Großbritannien. Edward I. war so beeindruckt von dem Bau, dass er ihn zum Vorbild für vier weitere Wehranlagen nahm: Harlech, Aberystwyth, Rhuddlan und Beaumaris gehören zu den berühmtesten Bauten dieses Typs in Europa. Die zwischen 1277 und 1330 erbauten Burgen waren riesig und kosteten den König ein Vermögen. Nicht nur ihre Größe, sondern auch ihre Bauweise war neu: Sie wurden in einem Zug gebaut und nicht über Jahrhunderte hinweg erneuert und vergrößert, wie es sonst üblich war.

Caerphilly Castle, Wales

Belvoir Castle, Jordanien

Der normannische Herzog Gilbert de Clare errichtete Caerphilly Castle.

Beaumaris Castle, Wales

Caerphilly Castle liegt in einem großen, künstlichen See. Dafür wurde extra ein Fluss gestaut.

26

Neue Gebäude

Kastellburgen werden oft als Höhepunkte der Wehrarchitektur angesehen. Obwohl die Verteidigung an erster Stelle stand, begannen die Burgenbauer im 13. Jh. mehr Gebäude einzuplanen. So schliefen die Burgbewohner nicht mehr alle gemeinsam in der großen Halle. Es gab nun ein Gesindehaus, Gemächer für die Verwalter und Aufseher und Quartiere für die Truppen.

Das Badezimmer

Bis zum 13. Jh. fehlte ein Zimmer, das wir uns heutzutage nicht mehr wegdenken können: das Badezimmer. Die Menschen badeten durchaus, allerdings sehr selten, denn es war immer mit großem Aufwand verbunden: Die Mägde und Knechte mussten das heiße Wasser aus der Küche bis in die Privatgemächer schleppen. Deshalb zog man es vor, duftende Kräuter zu verbrennen, um den Gestank in der Burg zu lindern. Die Toiletten (Abort) befanden sich in Mauererkern, der Unrat fiel in den Burggraben. Auf einigen großen Burgen gab es sogar fließendes Wasser, aber meist nur in der Küche.

In einigen Türmen wurden Gästezimmer eingerichtet – oben für die Herrschaften, unten für ihr Gesinde.

Das Badezimmer

Räume für besondere Gäste besaßen in die Wand eingelassene Waschbecken.

Neben dem Schlafraum gab es ein Ankleidezimmer. Gebadet wurde in einer Holzwanne im Schlafraum.

Die Toilette befand sich in einem Mauererker und bestand aus einem Stein- oder Holzsitz über einem Loch. Ein Vorhang schützte vor neugierigen Blicken. Der Unrat fiel in den Burggraben.

1350–1500

Wohnen auf der Burg

Mitte des 14. Jhs. spielte der Wohnkomfort für die Burgherren eine genauso große Rolle wie die Wehranlagen. Die Burgen wurden mit Repräsentationsräumen und Gästezimmern ausgestattet, in denen prunkvolle Wandmalereien, Teppiche und Möbel zu finden waren. Der Wunsch nach Bequemlichkeit machte sich breit. Mit der Zeit kehrte mehr Frieden in den Ländern ein. Verteidigungselemente waren nicht mehr so notwendig. Also konnten die Burgherren ihre Fenster vergrößern und mit wunderschönen Glasarbeiten schmücken. Einige Burgen wurden sogar aus Ziegel erbaut, nicht mehr aus Stein.

Privatleben

Es gab für jeden Zweck einen eigenen Raum: für das Repräsentieren, für private Gespräche oder für das Baden. Mehr Privatleben hätte sich bestimmt auch Kaiser Friedrich I. (1152–1190) gewünscht. Als er im Jahr 1184, so heißt es, auf der Burg Erfurt auf die Toilette gehen wollte, kamen Adlige hinterher. Sie wollten das Gespräch nicht unterbrechen. Der Boden der Toilette brach unter ihrem Gewicht und einige Herren fielen in den mit Unrat gefüllten Graben.

Albrechtsburg

Die Albrechtsburg, erbaut ab ca. 1475 von dem berühmten deutschen Baumeister Arnold von Westfalen, sollte Residenz für die Brüder Ernst und Albrecht von Wettin werden, also Platz für zwei Haushalte bieten. Die Burg ist der erste Schlossbau Deutschlands.

Große Hofstube

Die mittelalterlichen Glasfenster waren sehr bunt und aufwändig gestaltet. Hier ein Ausschnitt aus einem Fenster im Schloss Alcázar in Segovia, Spanien.

Schnitt durch den Mittelbau in der Albrechtsburg

Das königliche Bad im Leeds Castle, England

Ein Badetuch wurde in den hölzernen Badezuber gelegt, damit man sich keine Splitter einzog.

Inneneinrichtung

Das Wohnen auf der Burg wurde immer luxuriöser. Überall gab es nun große, kunstvoll gearbeitete Kamine, die ganze Wände füllten. Der Rauch zog nicht mehr durch die Burg, sondern wurde in Schornsteinen abgeleitet. Statt der grobklotzigen Tische und Bänke gab es nun fein gedrechselte Stühle und Tische. Selbst die Holzbalken wurden vergoldet. Persische Teppiche bedeckten die Böden und ersetzten die Strohmatten. Die Ritter, die an den Kreuzzügen teilnahmen, brachten solche Schätze aus dem Orient mit, außerdem kostbare Leuchter, Vasen und anderes Porzellan.

Hof und Garten

Nicht nur die Wohnräume wurde verschönert, sondern auch der Burghof und der Burggarten. In dem ursprünglichen Kräuter- und Gemüsegarten blühten nun auch schöne Blumen. Brunnen sprudelten und Gartenbänke luden zum Verweilen ein.

Tischmanieren

Mit dem Wohnkomfort wuchs das Bewusstsein für gute Manieren. Auf die kostbaren Möbel kamen Tischdecken. Man aß nicht mehr mit den Fingern, sondern mit Messer und Gabel. Und zum Abwischen von Mund und Händen gab es fortan eine Serviette.

Dieses deutsche Modell vom hl. Georg, der den Drachen tötete, ist ein Wasserspender für das Händewaschen nach dem Abendessen.

Eine Silbertruhe aus dem frühen 14. Jh., die vermutlich wertvolle Kostbarkeiten enthielt. Selbst die Aufbewahrungsbehälter wurden immer aufwändiger gearbeitet.

Vielfalt der Baustile

Es gibt zwar typische Baumerkmale für bestimmte Epochen in der Burgenarchitektur, doch keine Burg ähnelt einer anderen. Jede ist einzigartig. Was für eine Burg entstehen sollte und welche Eigenschaften sie besaß, hing davon ab, wo und wann der Burgherr seine Burg baute, wie viel Geld und Zeit er hatte und welchem Zweck sie dienen sollte.

Grundriss von Castel del Monte. Zu sehen ist der Zugang zu den Privatgemächern Friedrich II.

Jeder der Burgtürme ist ebenfalls achteckig.

Regionale Stile
Der Baustil einer Burg hing auch von dem Land ab, in dem sie stand. Im Süden Spaniens beispielsweise herrschten im 14. Jh. die Mauren (Bezeichnung für die Muslime aus Nordafrika und Arabien), danach wieder die katholischen Spanier. Die spanische Architektur enthielt später arabische und christliche Bauelemente. Die Burg La Mota (unten) ist ein wunderschönes Beispiel dafür: Erbaut wurde sie im 13. Jh. als maurisches Schloss mit vielen schmückenden Ornamenten. Mitte des 15. Jhs. gestalteten die katholischen Spanier sie um.

Castel del Monte, Italien, begonnen ca. 1240

Ein Jagdschloss
Kaiser Friedrich II. (1194–1250) gab seiner Burg Castel del Monte in Italien einen achteckigen Grundriss. Da der Kaiser die Falknerei und die Jagd liebte, war die Burg vermutlich ein Jagdsitz.

Blick aus einem der Türme in den Himmel.

Die spanische Burg La Mota ist aus Ziegelsteinen gebaut.

Weder eine Leiter noch ein Belagerungsturm konnte den höchsten Turm der Burg erreichen.

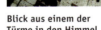

Das schmückende Ziegelwerk an den Außenmauern ist im maurischen Stil gehalten.

Wehrtürme

Eine einfache und billige Möglichkeit, sich gut zu verschanzen, war der Bau eines Wehrturms (Peletower). Die Wehrtürme waren praktisch kleinere Wohntürme. Viele davon fanden sich an der englisch-schottischen Grenze. Manche Türme haben nicht einmal einen Eingang. Nur mit einem Seil oder einer Leiter gelangte man in den ersten Stock.

Anfang des 14. Jh. finden sich in Schottland und hundert Jahre später in Irland große Turmburgen. Die schottischen Turmburgen waren nicht nur von außen stark gesichert, sondern enthielten innen auch raffinierte Verstecke.

Zwischen den Räumen verliefen Geheimgänge, sodass Spione Gesprächen lauschen konnten. Manche Burgherren bauten versteckte Treppen ein oder falsche Stockwerke, um Eindringlinge zu verwirren.

Die schottische Turmburg Craigievar

Die massiv gebaute Burg Craigievar hat sieben Stockwerke.

Ein Angriff auf die Wartburg, abgebildet in einer mittelalterlichen Handschrift. Diese berühmte deutsche Burg liegt auf einem Berg bei Eisenach. Sie geht auf eine Holzburg aus dem 11. Jh. zurück, die mehrfach erweitert und erneuert wurde.

Schloss Chillon steht auf einer Insel im Genfer See, Schweiz. Dieser Baustil mit den bedachten Türmen ist typisch für die Burgen im Mitteleuropa. Der Bau der Burg begann schon im 10. Jh.

1150–1600

Wehrburgen

In ganz Europa bis hin ins westliche Russland baute man stark befestigte Burgen. Doch auch in anderen Teilen der Welt findet man ähnliche Anlagen. Während der Kreuzzüge kamen die europäischen Ritter im 12. und 13. Jh. in den Mittleren Osten und stießen dort auf mächtige muslimische Burgen, die sie sehr beeindruckten. Sie eroberten sie und bauten neue nach ihrem Vorbild. Dreihundert Jahre später, als die europäischen Burgenbauer bereits mehr Wert auf Wohnkomfort als auf Verteidigung legten, wurden in Japan große Wehrburgen gebaut.

Eine Stadt im Vorderen Orient wird belagert.

Kreuzritterburgen

Im Jahr 1095 rief Papst Urban II. das erste Mal zu einem Kreuzzug ins Heilige Land auf, um Palästina und Jerusalem von den Türken zurückzuerobern. Sieben Kreuzzüge gab es insgesamt (1096–1215). Tausende Ritter folgten dem Ruf des Papstes.

Viele Ritter zogen für das Christentum in den Krieg, doch die meisten verlangte es nur nach Ruhm und Reichtum. Entlang ihrer Route ins Heilige Land bauten die Kreuzritter Schutzburgen, um von dort aus die feindlichen Städte anzugreifen.

Waren Lage oder Zeit ungünstig, errichteten die Ritter nur schnell starke Mauern mit Wachttürmen und zogen einen Graben darum. Am vorteilhaftesten war es natürlich, wenn die Burgen auf einem steilen Felsen oder im Zentrum wichtiger und belebter Handelsrouten standen.

Die Burg Kerak in Jordanien wurde an einer Stelle erbaut, wo man die Verbindungen unter den Muslimen gut stören konnte. Die Burg erlebte viele Angriffe, bis der Sultan Saladin (1138–1193) sie 1188 schließlich eroberte.

Die stark gesicherte Anlage Krak des Chevaliers war eine Kastellburg in Syrien. Sie wurde von den Kreuzrittern auf den Ruinen einer islamischen Burg aufgebaut.

Überstehendes Dach

Die Felssteine im Erdgeschoss wurden ohne Mörtel zusammengefügt.

Japanische Burgen lagen auf Hügeln, um den Zugang für Feinde zu erschweren.

32

Japanische Burgen

Die japanischen Ritter hießen Samurai. Sie dienten ihren Fürsten, den „Daimyos", mit Leib und Seele. Wie in Europa lebten die Fürsten in Japan auf stark befestigten Burgen (japan. jo). Doch sie ließen diese aufwändig verzieren, um ihre Macht und ihren Reichtum zu zeigen.

Die frühen japanischen Burgen waren Turmbauten aus Holz. Sie lagen auf hohen Felsen, von wo aus man das Umland gut überschauen konnte. Mit der Zeit wurden sie zu klein für die großen Samurai-Heere und zu unpraktisch für die Verteidigung. Die Daimyos bauten ihre Burgen auf massivem Steingrund. Zum Schutz vor Angreifern wurden Burggraben, Schutzmauern, Wachtürme und zweistufige Toranlagen angelegt und gebaut.

Den eigentlichen Wohnturm (japan. tenshu) vergrößerte man. Er konnte bis zu sieben Stockwerke hoch sein. Geschnitzte Tierfiguren schmückten die Dächer. Die Burg besaß mindestens drei Innenhöfe, die wie ein Labyrinth aus Gängen, Toren und Innenhöfen angelegt waren. Dies machte es Angreifern schwer, sehr weit in die Burg vorzudringen. Die Burgherren legten vor Baubeginn den Plan mit Seilen nach, um seine Umsetzbarkeit zu prüfen.

Ein japanischer Ritter (Samurai). Seine Rüstung besteht aus lackierten Eisenplatten. Der Lack verhinderte das Rosten.

Japanische Ritter

Obwohl tausende von Kilometern voneinander entfernt, hatten die Samurai einen ähnlichen Ehrenkodex wie die europäischen Ritter: Wahrheit, Ehre und absolute Treue gegenüber ihrem Herrn. Für die Samurai gab es jedoch keine Gnade im Kampf, es ging auf Leben oder Tod. Wurde ein Samurai besiegt oder gefangen genommen, musste er Selbstmord (Harakiri) begehen.

Die Burg Himeji-jo in den Hügeln von Himeji, Japan, hatte den Spitznamen „Weißer Reiher".

Die oberen Stockwerke waren aus Holz und wurden zum Schutz gegen Feuer verputzt.

Auch japanische Burgen besaßen Gusserker (japan. ishi-otoshi), d. h. Öffnungen, durch die Pech oder Unrat auf die Feinde geschüttet wurde.

Der Hauptturm ist 46,40 m hoch.

Im Hauptturm wohnten der Burgherr und seine Familie. Die Dienerschaft und die Samurai lebten in den anliegenden Gebäuden.

ab 1450

Das ausgehende Burgenzeitalter

Im späten 15. Jh. ließ der Burgenbau im westlichen Europa immer mehr nach. Das lag zum Teil an der neuen Kriegführung. Kriege waren teuer und aufwändig und man beschränkte sie inzwischen auf das Schlachtfeld.

Das um 1300 in Europa eingeführte Schießpulver spielte nur eine geringe Rolle in der Entwicklung. Die damaligen Kanonen zerstörten noch nicht auf einen Schlag ganze Burgen. Aufgeschüttete Erdwälle konnten die Kanonenkugeln gut abfangen.

Der Hauptgrund für den Untergang der Burgenzeit war der Niedergang des Lehnswesens. Die adligen Herren verloren an Macht. Damit hörten auch die Kämpfe unter den Burgherren auf, sodass stark befestigte Wehranlagen nicht mehr notwendig waren.

Auf den Spuren alter Gemäuer

Käme ein mittelalterlicher Burgherr heute zu seiner Burg zurück, wäre er sicherlich entsetzt. Er würde sie nicht wiedererkennen. Die Burg wäre entweder eine Ruine oder zu einem völlig neuen Gebäude umgebaut worden. Doch man kann Spuren der alten Gemäuer finden. Kommst du durch das Burgtor, suche die Halterungen der Zugbrücke. Meist findest du noch große Löcher in der Mauer, in denen Balken und Winde steckten. Ist das neue Gebäude von einem seichten Graben umgeben, so war das der Burggraben. Regelmäßige Löcher in der Außenwand weisen darauf hin, wo das Baugerüst befestigt war. Im Innern des Gebäudes zeigen höher gelegene Türen und Kamine an, wo einst der Fußboden lag. Auch die Löcher ehemaliger Deckenbalken sind oft noch zu erkennen.

Ausschnitt aus dem Innern von Rochester Castle in Kent, England.

Ende des Lehnswesens

Die Könige wollten nicht mehr von den Diensten ihrer Lehnsmänner abhängig sein, die sich oft als unzuverlässig erwiesen. Die neue Kriegführung erforderte eine straff durchorganisierte Armee. Die Leibeigenen benötigten nicht mehr den Schutz ihres Lehnsherrn, da die Landesfürsten mit ihren Kriegern besser dafür sorgten. Außerdem lehnten sie sich immer mehr gegen die Leibeigenschaft auf.

Im Jahr 1347 suchte die Pest Europa heim. Ein Schiff schleppte sie aus Asien nach Genua ein. Die Seuche breitete sich rasend schnell aus. Ein Drittel der europäischen Bevölkerung starb. Nun waren Arbeitskräfte rar. Viele Bauern zogen in die Städte, um Arbeit zu finden. Sie verlangten Löhne und bessere Arbeitsbedingungen.

Corfe Castle in Dorset, England, wurde in den 1080ern erbaut. Es war eine Motte mit Vorburg.

Bergfried, Wehrtürme und Burgmauer stammen von verschiedenen Burgherren. Die Burg wurde im englischen Bürgerkrieg in den 1640ern zerstört.

Von der Burg zum Schloss

Gegen Ende des 15. Jh. verloren die Burgen ihre Bedeutung als Wehranlagen und dienten als Wohnsitz für die Burgherren. Als im 15. Jh. in kriegerischen Auseinandersetzungen nicht mehr Armbrust und Katapult eingesetzt wurden, sondern Kanonen, stellten die dünnen und hohen Mauern der mittelalterlichen Burgen keinen ausreichenden Schutz mehr dar. Durch die Bombardierung mit Kanonenkugeln wurden Türme und Wälle zum Einsturz gebracht. Hölzerne Wehrteile boten keine Sicherheit; sie zersplitterten oder verbrannten.

Die Soldaten benötigten deshalb Festungen mit starken Mauern, die eine Verteidigung mit eigenen Kanonen ermöglichten. Die Türme der Festungen waren niedriger als früher und bestanden aus sehr dicken Mauern. In die Mauern wurden Verteidigungsstellen eingebaut, um von dort aus Angreifer unter Beschuss zu nehmen. Die Außenmauern waren niedrig und fielen schräg ab, damit die Kugeln der Angreifer abprallten. König Heinrich VIII. baute im 16. Jh. entlang der englischen Küste zahlreiche Festungen, um feindliche Schiffe fern zu halten, Eindringlinge vom Meer her abzuwehren und die Städte zu schützen.

Die mittelalterlichen Burgen, die nicht bewohnt wurden, dienten häufig nur noch als Gefängnisse oder Lagerräume. Sie zerfielen im Laufe der Jahre oder sie wurden als Steinbruch für den Bau neuer Gebäude benutzt. Denn viele Fürsten oder Adlige zogen es vor, sich neue Residenzen zu bauen, die komfortabler, größer und prächtiger waren. An die Stelle der Burgen traten nun die Schlösser mit ihren ausladenden Prunkbauten und herrschaftlichen Gartenanlagen, die den Herrschaftsanspruch der Fürsten unterstreichen sollten.

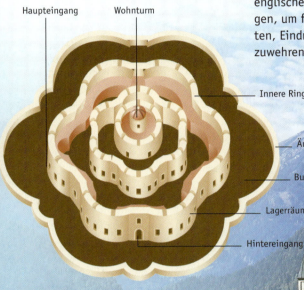

Haupteingang
Wohnturm
Innere Ringmauer
Äußere Ringmauer
Burggraben
Lagerräume
Hintereingang

Der bayerische König Ludwig II. (1845–1886) begann 1869 in Schwangau bei Füssen den Bau von Schloss Neuschwanstein, das erst nach seinem Tod fertig gestellt wurde. Es gehört zu den meistbesuchten Schlössern Europas. 1,3 Millionen Menschen aus aller Welt besichtigen jährlich die Burg des „Märchenkönigs".

Burgen heute

Von vielen der eindrucksvollen Burgen des Mittelalters stehen heute nur noch Ruinen. Nur wenige, wie die Burg Eltz an der Mosel, sind völlig erhalten. Andere, wie Schloss Burg an der Wupper, wurden wieder aufgebaut und sind für die Öffentlichkeit zugänglich. Egal in welches europäische Land man reist, überall findet man heute noch Burgen. Allein in Deutschland soll es etwa 10 000 Burgen geben. Nicht nur Ortsbezeichnungen wie zum Beispiel „Burgberg" weisen auf ehemalige Burgen hin. Auch die Namen vieler Städte erinnern daran, dass sie aus Burgen hervorgegangen sind – zum Beispiel Augsburg, Magdeburg oder Salzburg. Die Bezeichnung „Bürger" für die Stadtbewohner leitet sich ebenfalls vom Wort „Burg" ab.

Der Bau einer Burg

Gleichgültig welche Art von Burg der Burgherr bauen wollte, er musste sich zuerst einen guten Baumeister suchen. Der Baumeister war dann Architekt, Aufseher, Projektleiter und Buchhalter in einem. Der Burgherr musste lediglich für das nötige Geld sorgen. Und eine Burg war sehr teuer!

Der Baubeginn

Bevor mit dem eigentlichen Bau der Burg begonnen wurde, errichtete der Zimmermann Unterkünfte für die Handwerker sowie ein Modellgebäude für die Steinmetze, die daran Säulen und Fenster vorzeichneten und deren Maße errechneten.

Welche Lage?

Hatte der Burgherr einen Baumeister gefunden, musste er eine gute Lage für seine Burg suchen. Sollte sie eine Grenze, eine Stadt oder einen Hafen schützen? War eine wichtige Handelsroute in der Nähe? Außerdem musste der Burgherr beachten, dass die Burg einfach zu verteidigen und von ihr aus sein Besitz leicht zu kontrollieren war. Weitere wichtige Fragen stellten sich:

✤ Wo war die nächste Wasserquelle?

✤ Wem gehörte der nächstliegende Wald und das Wild darin?

✤ Gab es einen Steinbruch in der Nähe?

✤ Gab es einen Fluss, auf dem man Baumaterial zur Burg schaffen konnte?

Und vor allem:
✤ Woher holte man die vielen Bauarbeiter?

In das Mauerinnere kam eine Mischung aus Pflaster-, Feuer- und Bruchstein sowie alten Ziegeln.

Die Löcher, in denen das Baugerüst verankert war, nannte man Rüstloch.

Rüstloch

Hier wird der Burggraben angelegt.

Für den Bau einer Burg wurden hunderte von Handwerkern benötigt.

Winterpause
Im Winter wurde der Bau an der Burg unterbrochen. Damit der Frost sich nicht ins Mauerwerk fressen konnte, wurden die unfertigen Mauern mit Stroh abgedeckt.

Die Steinmetze behauten die Steine, damit sie gut ineinander passten.

Die Zimmerleute fertigten die Holzgerüste.

Schwere Steine wurden mit einem Flaschenzug hochgezogen.

Eine Unterkunft für Handwerker

Mörtel wird angerührt

Hölzerne Rahmen stützten die Bögen, bis sie fertig gemauert waren.

Zwei Männer bedienten die Winde des Auslegerkrans, indem sie wie Hamster in einem großen, hölzernen Laufrad liefen.

Auf Karren, Schlitten und Schubkarren transportierte man das Baumaterial.

Der Burgherr bespricht die Baupläne mit seinem Baumeister.

Für die Außenmauern verwendete man nur feinsten Quaderstein aus der Normandie.

37

Die Bauhandwerker

Für den Bau einer Burg benötigte man viele Arbeitskräfte. Sie mussten oft von weit her angeworben und natürlich auch angemessen bezahlt werden. Die Bauern aus der Umgebung wurden ohne Bezahlung zu Hilfsarbeiten gezwungen. Das bedeutete auch, dass sie ihre Felder im Stich lassen mussten und die Ernte nicht einbringen konnten.

Sollten Sie sich wundern, wo so viel Geld in einer Woche fließt, so möchten wir Sie darüber in Kenntnis setzen, dass wir brauchten 400 Steinmetze ... 2000 Arbeiter ... 200 Steinbrucharbeiter [und] 30 Schmiede und Zimmermänner ...

Auszug aus einem Brief von James St. George an den königlichen Schatzmeister im Februar 1296.

Werkzeug eines Steinmetzen

Ein Zirkel zum Ausmessen des Steins

Hammer und Meißel (rechts) zum Behauen des Steins

Der Steinmetz

Hunderte von Steinmetzen waren beim Bau einer Burg beschäftigt. Es gab unter ihnen drei Gruppen: die Steinmetzen, die den groben Quaderstein bearbeiteten, diejenigen, die feinere Steinarbeiten machten, und Steinmetzen, die die Mauern mit Bruchstein und Mörtel füllten. Jeder Steinmetz hatte sein Zeichen, mit dem er seine Arbeit kennzeichnete, wie ein Maler sein Bild. Das hatte nichts mit Besitzerstolz zu tun, sondern diente als Beweis für die Zuordnung, Kontrolle und Abrechnung.

Zeichen eines Steinmetzen

Der Zimmermann

Auch auf Steinburgen gab es viel für den Zimmermann zu tun. Die Gerüste waren alle aus Holz, ebenso die meisten Wehrgänge sowie Fußböden, Decken, Wandverkleidungen, Türen und Fensterläden. Auch die Möbel fertigte der Zimmermann an. Sie wurden zum Teil mit Schnitzereien reich verziert. Der Zimmermeister war in der Regel der zweitwichtigste Mann auf dem Bau nach dem Steinmetzmeister.

Ein mittelalterliches Gemälde von einer Baustelle (Ausschnitt)

Das Breitbeil (rechts) eines Zimmermanns zum Bearbeiten von Holz

Der Schmied

Der Schmied stellte Werkzeuge her für den Zimmermann, den Steinmetz und natürlich auch für sich selbst. Dazu zählen u. a. Zangen, Sägen, Äxte, Bohrer, Hämmer, Meißel und Brecheisen. Außerdem fertigte er Türgriffe und tausende von Nägeln, die in die Holzfußböden und -decken gehämmert wurden.

Zange eines Schmieds, um Metall zu zerschneiden

Der Bauarbeiter

Während die Handwerker oft von weit her, manchmal sogar aus einem anderen Land kamen, wurden die einfachen Bauarbeiter aus der nächsten Umgebung herangezogen. Sie leisteten Schwerstarbeit: Mörtel anmischen von Hand, Gräben schaufeln für die Grundmauern und Steine schleppen. Sie arbeiteten nur vom Frühjahr bis zum Herbst. Im Winter ruhten die meisten Baustellen.

Der Steinbrecher

Wenn es möglich war, wurde die Burg in der Nähe eines Steinbruchs errichtet. So sparte man sich den weiten, beschwerlichen und teuren Transportweg der vielen Steine. Doch oft ließen die Burgherren Steine aus Italien oder aus einem anderen europäischen Land kommen. Die dortigen Steinbrecher hauten die Steine grob in Form und verluden sie auf Schiffe.

Ein Eimer mit Putz wird mit einem Flaschenzug hochgezogen.

Der Putzer und der Maler

Das Innere der Burgen war schlicht und meist ohne farbige Gestaltung. Nur zu besonderen Anlässen wurden die Wände des Rittersaals mit kunstvoll gestickten Teppichen geschmückt. Doch die Burgen erhielten mit der Zeit eine immer prunkvollere Innenausstattung. Feiner Putz, Marmor und farbenfrohe Malereien schmückten die Räume. Die Außenfassade wurde ebenfalls sorgfältig verputzt.

Putzer und Maler verschönern die Säulen und Wände eines Rittersaals.

Feine Stuckarbeiten an einer Säule

Die Wand wird verputzt.

Ein hölzerner Gerüstturm

Der Baumeister gibt Anweisungen.

Das Muster ist bereits auf der Säule vorgezeichnet.

39

Unter Belagerung

Die Belagerung einer Burg konnte sich über Monate hinziehen. Denn wie wir bereits gesehen haben, waren die meisten Burgen für solche Situationen gerüstet: Stallungen, Wasserversorgung, Gemüsegarten – alles befand sich innerhalb der Mauern. Auch waren die Burgen so gebaut, dass es äußerst schwer war, ohne Erlaubnis hineinzukommen. Warum, so fragt man sich, haben es dann feindliche Ritter immer wieder versucht?

Dafür gab es gute Gründe: Die Rivalität unter den Adligen zur Zeit des Lehnswesens war sehr groß. Jeder wollte Macht und die hatte man, wenn man Land besaß. Gehörte dazu noch eine Burg, so hatte man gleichzeitig einen geschützten Ort für sich und seine Familie.

Der beste Zeitpunkt

Die beste Zeit für Belagerungen war der Spätsommer. Dann konnten sich die Angreifer noch von dem ernähren, was auf den Feldern wuchs. Die Belagerungsmethoden und Angriffstaktiken aber waren, unabhängig vom Zeitpunkt der Belagerung, immer die gleichen. Auf den nächsten Seiten werden sie vorgestellt.

Diese Szene zeigt eine Belagerung auf ihrem Höhepunkt. Die einzelnen Szenen fanden natürlich nicht immer gleichzeitig statt.

Ein Priester gibt einem Krieger den letzten Segen.

Krieger schleudern mit dem Katapult große Steine auf die Burg.

Eine Rampe des Belagerungsturms wird heruntergelassen, damit die feindlichen Soldaten angreifen können.

Krieger bombardieren mit einer Schleudermaschine die Burgmauer.

Der feindliche Anführer brütet über einer neuen Angriffsstrategie.

Die Angreifer verstecken sich hinter riesigen Holzschilden, um näher an die Burg zu kommen.

Eine Burg wird erobert

Die beste Waffe bei der Eroberung einer Burg war die Überraschung. Die Burgbewohner hatten bei einem plötzlichen Angriff keine Möglichkeit mehr, sich zu verschanzen. Kam es doch zu einer Belagerung, lauerte der Feind auf jede kleinste Unachtsamkeit der Wachen, um schnell anzugreifen. Nicht selten wurden auch Burgbewohner bestochen, den Feind ins Burginnere zu lassen. Zeigte der Überraschungsangriff keinen Erfolg, wurde die Burg direkt erstürmt. Die Feinde versuchten mit Leitern die Burgmauern zu bewältigen. Dabei schossen sie brennende Pfeile ab, um sich zu schützen und um die Gebäude in der Burg in Brand zu setzen. Große Belagerungsmaschinen wurden vorgefahren und die Burg mit Steinen bombardiert.

Über eine Rampe gelangen die Angreifer in die Burg.

Turm und Rampe schützten die nachfolgenden Angreifer.

Ein Wandelturm wurde gegen die Mauer der belagerten Burg geschoben.

Belagerungsmaschinen

Die einfachste Belagerungsmaschine war der hölzerne Belagerungsturm (Wandelturm). Von ihm aus versuchte der Feind über eine Rampe die Mauern zu erstürmen. Doch den Turm über den aufgefüllten, unebenen Burggraben zu rollen, war schwierig. Mit Rammböcken oder Katapulten konnte der Feind das Burgtor oder die Mauern beschädigen. Besonders zielsicher waren Wurf- und Schleudermaschinen.

Das Katapult sah aus wie ein riesiger Löffel, auf dem das Geschoss lag. Seile hielten den Wurfarm nach unten. Wurden sie gelockert, schoss er nach oben.

Herumgewundene Seile

Die Schleudermaschine (Trebuchet) wurde aus dem Katapult heraus entwickelt und war viel gefährlicher und zielsicherer. Die Männer, die sie bedienten, waren so ausgebildet, dass sie immer wieder dieselbe Stelle in der Burgmauer treffen konnten, bis ein Loch entstand.

Eine moderne Rekonstruktion einer Schleudermaschine

Der Arm liegt auf einem Hebel.

In das Netz kamen als Geschosse Steine oder tote Tiere, die Krankheiten verbreiten sollten.

Vor dem Abfeuern

Nach dem Abfeuern

Hebel

Ein Gewicht, um den Arm zu bewegen

Ein Stein im Wurfnetz

Ein Bolzen, der den Wurfarm unten sichert

Das Gewicht fällt auf den Boden.

42

Eine Burg wird belagert

Wenn es nicht gelang, die Burgbesatzung zu besiegen und in den Kern der Burg vorzudringen, blieb noch die Möglichkeit, eine Burg auszuhungern. Die Burg wurde dann so lange belagert, bis alle Vorräte aufgebraucht waren und die Burgbewohner sich ergaben. Bei Burgen mit unterirdischen Geheimgängen nach draußen blieb diese Methode allerdings wirkungslos, denn über diese Wege konnte Nachschub beschafft werden. Manchmal gelang es den Belagerern, jemanden aus der Burg zu bestechen. Wenn dann ein Tor heimlich geöffnet wurde, schlich sich ein Angreifer hinein und vergiftete den Brunnen, der der Wasserversorgung der Burgbewohner diente.

Hunger und Langeweile

Die Belagerung einer Burg war auch für die Belagerer selbst schwierig. Sie stahlen Getreide und andere Nahrungsmittel von den Bauern, doch diese wehrten sich bald dagegen. War das Wetter schlecht, versanken die einfachen Zelte im Schlamm. Da es keine Toiletten und Waschgelegenheiten gab, brachen schnell Krankheiten aus. Die ärztliche Versorgung war schlecht. Die verwundeten Soldaten konnten nur notdürftig behandelt werden.

Dauerte die Belagerung mehrere Wochen, wurden die Krieger aus Langeweile unachtsam. Ein schlauer Burgherr konnte das nutzen und schnell einen Ausfall wagen.

Regenstürme erschwerten die Belagerung.

Ein Arzt versorgt die verwundeten Krieger.

Das Untertunneln

War der feindliche Anführer ein guter Feldherr, dann versuchte er nicht nur, die Burgmauer mit Steinschleudern zu zerstören, sondern er untertunnelte (unterminierte) sie auch. So genannte Pioniere gruben einen Tunnel bis unter die Fundamente der Burg, stützten ihn mit Holzbalken ab und legten Feuer. Wenn die Stützbalken verbrannt waren, brach der Tunnel ein und mit ihm Teile der Burg.

Im Jahr 1215 gelang es König Johann von England auf diese Weise, die Burg des feindlich gesinnten Herzogs von Rochester zu zerstören. Das Feuer im Tunnel wurde mit dem Fett von 40 Schweinen geschürt, bis der Hauptturm zusammenbrach.

Hier wird ein Tunnel unter die Burg gegraben.

Schotter wird hochgezogen.

Mit dem Schotter kann der Burggraben aufgefüllt werden.

Holzbalken stützen die Tunneldecke ab.

Krieger graben einen Tunnel und bringen den Schotter nach oben.

Verteidigungsanlagen

Im Laufe der Jahre entwickelten die Burgenbauer immer bessere Ideen für die Verteidigungsanlagen. Natürliche Gegebenheiten wie schroffe Felsen wurden noch unüberwindbarer gemacht. Die Burgmauern waren ca. 4 m hoch und so dick, dass ein Rammbock keinen Schaden mehr anrichten konnte. Im Burginneren achtete man unter anderem darauf, dass sich die Wendeltreppen nach rechts drehten, damit der herabsteigende Schwertkämpfer im Vorteil war.

Die Erbauer von Schloss Alcázar in Segovia, Spanien, nutzten den steilen, kahlen Felsen zu ihrem Vorteil.

Motten und Burggräben
Da die mittelalterlichen Waffen keine große Reichweite hatten, reichte es zum Schutz, wenn die Burg auf einem Hügel lag und von einem breiten Wassergraben umgeben war. War kein natürlicher Hügel in der Nähe, so errichtete man einen künstlichen (Motte).

Brücken
Um den Wassergraben zu überqueren, brauchte man eine Brücke. Am besten war natürlich eine Zugbrücke, die man bei einem Angriff vom Inneren der Burg mit Seilen oder Ketten hochziehen konnte.

Bewegliche Brücken
Es gab Zugbrücken, die man vor das Burgtor hochzog, und Wippbrücken, die durch ein Gewicht nach oben schwenkten.

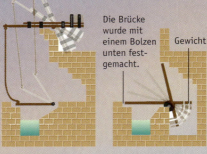

Die Brücke wurde mit einem Bolzen unten festgemacht. Gewicht

Die Zugbrücke   Die Wippbrücke

Burgtor
Das Burgtor war die schwächste Stelle der Burg und musste besonders geschützt werden. Ein schweres Holztor und ein Gang, in dem weitere Falltore heruntergelassen werden konnten, sollten dem Feind den Zugang erschweren.

Das Fallgatter war aus Eisen und Holz gebaut und mit scharfen Zacken versehen. Man zog es hoch und runter, um die Menschen herein- und hinauszulassen.

Mordlöcher waren Aussparungen in der Decke des Eingangsbereichs, durch die Steine, Pech oder Unrat auf die Feinde hinuntergeworfen wurden. Oder man schüttete Wasser hindurch, um Feuer zu löschen.

Zinnen

Jede Burgmauer hatte Zinnen, das sind in regelmäßigen Abständen Steinzacken und Lücken dazwischen. Durch die Lücken schossen die Bogenschützen ihre Pfeile ab. Während sie nachluden, suchten sie hinter den Zacken Schutz.

Zinnen — Lücke — Steinzacke

Schießscharten

Im Burginnern schossen die Bogenschützen aus Scharten. Das waren Schlitze im Mauerwerk. Sie waren so groß, dass man das Umland überblicken konnte, und so schmal, dass kein feindliches Geschoss hindurchpasste.

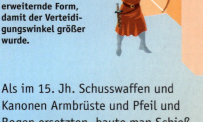

Dieser Bogenschütze feuert seinen Pfeil durch eine sehr schmale Mauerlücke. Später erhielten die Schießscharten eine sich nach innen erweiternde Form, damit der Verteidigungswinkel größer wurde.

Als im 15. Jh. Schusswaffen und Kanonen Armbrüste und Pfeil und Bogen ersetzten, baute man Schießscharten mit einer Gewehrablage. Gut gesichert durch die Mauer konnte man Angreifer unter Beschuss nehmen.

Für den Einsatz leichter Feuerwaffen gab es später Schlüssellochscharten. Diese hatten eine schmale, senkrechte Maueröffnung (zum Durchgucken) und eine darunter anschließende runde Öffnung für den Büchsenlauf.

Wehrgänge

Um den Feind besser mit Steinen und Pfeilen beschießen zu können, baute man außen an der Burgmauer entlang hölzerne Wehrgänge (Hurden). Sie hatten ein Dach und Löcher (Gusserker) im Boden, durch die man den Feind mit Steinen oder Ähnlichem zu treffen versuchte. Doch diese Wehrgänge fingen schnell Feuer und waren leicht mit Steinkugeln zu zerstören.

Ein Feuertopf

Mit einem Rammbock versuchte man die Mauerecke zu beschädigen.

Nasse Tierhäute schützten den Rammbock vor Feuertöpfen.

Einige Türme besaßen ein nach unten breiter werdendes (schräges) Fundament. Von oben kommende Geschosse prallten daran ab und sprangen auf die Angreifer.

Angriff auf eine Burg

Krieger erstürmen auf der Leiter die Burgmauer, um den Wehrgang zu zerstören.

Mordgalerie

Bald baute man den Wehrgang aus Stein, die so genannte Mordgalerie. Die Gusserker, auch Maschiskuli genannt, wurden beibehalten, da sie bei der Verteidigung viele Möglichkeiten boten: Steine, Feuertöpfe, Pech und siedendes Öl konnten hindurchgeworfen oder -geschüttet werden.

Die Verteidiger werfen Steine von der Mordgalerie auf die Angreifer.

Eine Auszugsleiter, die bis zu den Wehrgängen reicht und dort befestigt werden kann.

1000–1500

Ritterrüstungen

Die Entwicklung von Waffen und Rüstungen verlief parallel. Je gefährlicher die Waffen wurden, desto aufwändiger gearbeitet waren die Rüstungen. Zu Beginn des Mittelalters trugen die Ritter ein einfaches Panzerhemd (Harnisch), ein knielanges Hemd aus Eisen- oder Messingringen (Kettenpanzer). Ab 1200 bestand die Rüstung aus einem ganzen Anzug aus Eisenplatten.

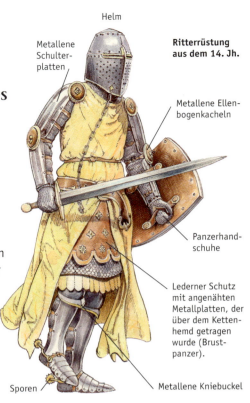

Ritterrüstung aus dem 14. Jh.
- Helm
- Metallene Schulterplatten
- Metallene Ellenbogenkacheln
- Panzerhandschuhe
- Lederner Schutz mit angenähten Metallplatten, der über dem Kettenhemd getragen wurde (Brustpanzer).
- Metallene Kniebuckel
- Sporen

Rüstungen

Über dem Panzerhemd trug der Ritter einen knielangen, ledernen Waffenrock, darunter eine wattierte Stoffjacke, die für die einfachen Krieger oft der einzige Schutz war. Allerdings war ein Panzerhemd kein absolut sicherer Schutz. Eine Lanze, ein Pfeil oder Bolzen durchdrangen ihn. Ab dem späten 13. Jh. trugen die Ritter einen Plattenharnisch, die uns bekannte Ritterrüstung. Die Metallplatten waren so aneinander befestigt, dass der Krieger sich bewegen konnte. Metallene Fußschützer, Kettenstrümpfe und Handschuhe sorgten für weiteren Schutz. Das Gewicht der Rüstung verteilte sich über den ganzen Körper, war also leichter zu tragen, als es den Anschein hatte.

Panzerhemd aus dem 13. Jh.

Über dem Panzerhemd trug der Ritter eine lange Tunika, auf der das Familienwappen abgebildet war.

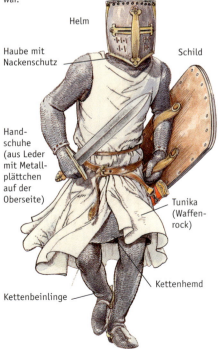

- Helm
- Haube mit Nackenschutz
- Schild
- Handschuhe (aus Leder mit Metallplättchen auf der Oberseite)
- Tunika (Waffenrock)
- Kettenhemd
- Kettenbeinlinge

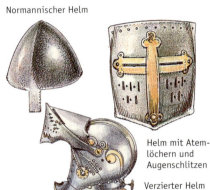

Normannischer Helm

Helm mit Atemlöchern und Augenschlitzen

Verzierter Helm mit hochklappbarem Visier

Helme

Die ersten Helme waren kegelförmig und hatten ein metallenes Nasenband (Nasalhelm), darunter eine Kettenhaube mit Nackenschutz. Um 1200 bekam der Helm eine zylindrische Form (Topfhelm) mit flacher Oberseite. In der halbrunden Gesichtsplatte waren Augenschlitze und Atemlöcher, doch man bekam kaum Luft unter dem Helm und konnte nur sehr schlecht hören. Im 14. Jh. gab es dann Helme mit hochklappbarem Gesichtsteil (Klappvisier).

Schilde

Die Schilde waren aus Holz und mit Metall beschlagen. Bis zum 12. Jh. waren sie etwa mannshoch (normannische Langschilde). Um 1200 kürzte man den Schild auf die Hälfte. Ab dem 14. Jh. gab man ihm eine kleine rechteckige oder ovale Form, wodurch er vor allem für die Reiter besser zu tragen war.

Schilde aus verschiedenen Jahrhunderten

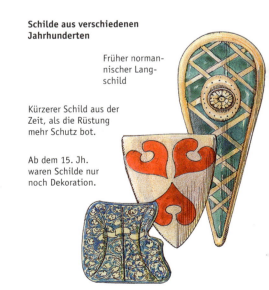

- Früher normannischer Langschild
- Kürzerer Schild aus der Zeit, als die Rüstung mehr Schutz bot.
- Ab dem 15. Jh. waren Schilde nur noch Dekoration.

Vom Panzerhemd zur Rüstung

Legende
- Panzerhemd
- Gefüttertes Hemd
- Wollene Beinlinge
- Tunika (Waffenrock)
- Ledergürtel
- Brustharnisch
- Rüstung aus Metallplatten
- Metallgürtel

Eine Rüstung aus dem 15. Jh. Sie gehörte dem österreichischen Herzog Siegmund.

Auch Rüstungen sollten modisch sein. Manche hatten sogar angedeutete Falten.

Brustharnisch

Rüsthaken, auf dem die Lanze während des Stoßes liegen konnte

Die Panzerhandschuhe waren so gefertigt, dass die Finger beweglich blieben.

Rüstungsindustrie

Als der Bedarf an Rüstungen stieg, entstand eine regelrechte „Rüstungsindustrie". Man kann hier schon fast von „Massenproduktion" sprechen. Für ein Heer benötigte der König im Durchschnitt 3000 Helme und 5000 Kettenhemden, obwohl das einfache Fußvolk meist eine gebrauchte Rüstung trug oder gar keine.

Die reichen Adligen ließen sich Rüstungen nach Maß anfertigen. Besonders in Deutschland und Norditalien gab es berühmte Rüstungsmacher, bei denen Adlige aus ganz Europa bestellten. Die Rüstungen wurden mit dem Familienwappen der Rüstungsmacher versehen. Diese wurden oft gefälscht und es wurde ein schwungvoller Handel mit Imitationen betrieben.

Oberschenkelschützer (Diechling)

Einige Ritter schützten auch ihre Pferde mit Rüstungen. Diese waren aber sehr teuer und daher selten.

In dieser Rüstung konnte man nicht gut laufen. Sie war für einen Reiter gemacht.

Ein Ritter und sein Pferd, gerüstet für die Schlacht

Beinschiene für die Unterschenkel

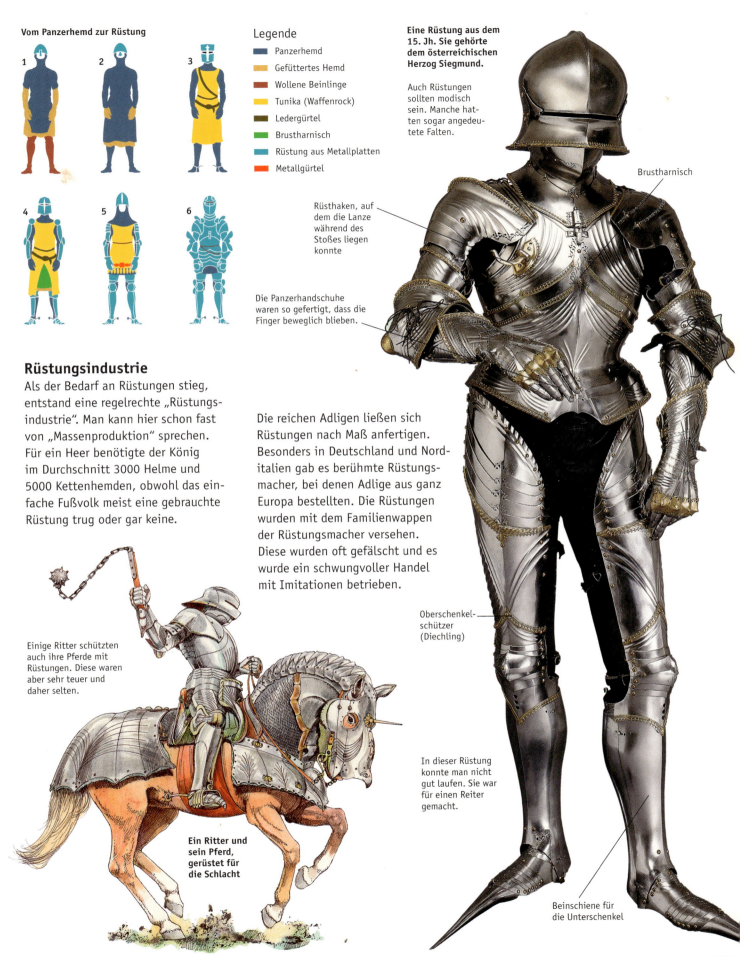

47

ca. 900–1500

Waffen

Welche Waffen ein Krieger trug, hing davon ab, ob er zu Fuß kämpfte oder zu Pferd, ob er sich für einen Angriff oder die Verteidigung rüstete. Die Ritter kämpften in der Schlacht mit Lanzen und Schwertern. Diese waren oft aufwändig verziert und Symbol für Reichtum und Macht ihres Besitzers. Das Fußvolk trug Speere, Piken sowie Pfeil und Bogen.

Verteidigten die Krieger eine Burg, schossen sie meist mit der Armbrust. Diese Waffe wurde um 1100 eingeführt und galt als so gefährlich, dass die Kirche 1139 ihre Verwendung (auch die von Pfeil und Bogen) in Kriegssituationen unter Strafe stellte.

Ein Pfeil mit Widerhaken

Ein Pfeil mit einer mehrkantigen, stiftförmigen Spitze

Die Pfeilschäfte waren aus Kiefern-, Pinien- oder Zedernholz, die Federn stammten von der Gänsen oder Greifvögeln.

Bogen und Pfeile
Ab dem 13. Jh. wurde der Langbogen eingeführt, mit dem man bis zu 500 m weit und 10 bis 12 Pfeile in einer Minute abschießen konnte. Es war viel Kraft nötig, ihn zu bedienen.

Die Bogenschützen mit ihren Langbogen und Pfeilen wurden von den Rittern gefürchtet, weil mit ihnen viele Siege auf dem Schlachtfeld errungen wurden.

Pfeil

Piken und Speere
Die mittelalterlichen Krieger kämpften meist mit Speeren und den noch längeren Piken (Lanzen). Mit beiden konnte man den Feind gefährlich verwunden. Eine Mauer aus Fußtruppen mit Speeren und Piken durchbrachen Reiter nur schwer.

Langbogen

Armbrust und Bolzen

Mit der Armbrust schoss der Krieger Bolzen ab. Es konnten nur zwei Bolzen in der Minute abgeschossen werden und das Nachladen dauerte etwas länger als bei Pfeil und Bogen. Die Schützen versteckten sich währenddessen hinter den Zinnen. Die Bolzen konnten Rüstungen durchschlagen.

Piken waren bis zu 5,50 m lang.

Streitaxt, Streitkolben und Morgenstern
Die berittenen Krieger kämpften mit Streitäxten, Streitkolben und Morgensternen. Damit verletzte man auch die Rüstungsträger tödlich. Der Krieger schwang den Morgenstern um den Kopf und holte damit einen anderen Reiter vom Pferd.

Speere waren fast 3 m lang.

Ein mehrkantiger Streitkolben

Eine Hellebarde (Stangenaxt)

Ein Streitkolben ähnelte einem Knüppel mit einem schweren Metallkopf.

Ein Morgenstern

Der Metallball mit Eisenstacheln verfing sich in der Ritterrüstung.

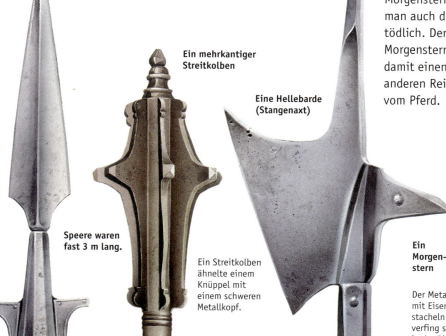

Schwertkampf

Schwerter waren sehr schwer. Die Schwertmacher bearbeiteten sie lange und sorgfältig, um sie stabil zu machen. Frühe Schwerter besaßen eine doppelte Schneide und eine abgerundete Spitze, die späteren hatten eine schärfere Spitze. Mit Letzteren konnte der Ritter besser zwischen die Metallplatten der Rüstung seines Gegners und durch das Lederhemd darunter stechen.

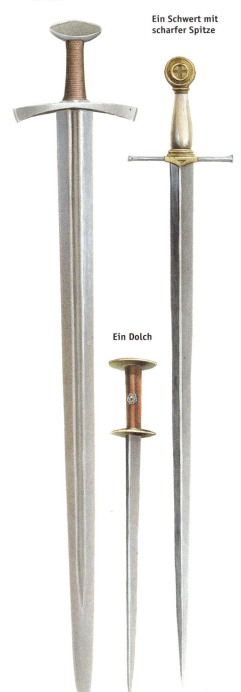

Ein zweischneidiges Schwert

Ein Schwert mit scharfer Spitze

Ein Dolch

Schießpulver

Das Schießpulver wurde im 1. Jh. v. Chr. in China erfunden, kam aber nicht vor dem 14. Jh. nach Europa. In den 1330ern erfanden die Italiener die ersten Kanonen (Bombarden): zusammengeschweißte Metallrohre, durch die Metallteile abgefeuert wurden.

Dabei gab es viele Unfälle. 100 Jahre nach der Erfindung der Kanone wurde der schottische König James II. bei der Explosion einer solchen getötet. Doch die Waffen wurden immer weiter verbessert. Im 16. Jh. erreichten Kanonenkugeln bereits mehr als 1,5 Kilometer entfernte Ziele und schlugen riesige Löcher in die Burgmauern.

Die ersten Söldner

Alle Ritter mussten 40 Tage Kriegsdienst für ihren Lehnsherrn leisten. Sie konnten sich jedoch durch Zahlungen (Schildgeld) an den König davon befreien. Der König kaufte dann von dem Geld Krieger ein, so genannte Söldner. Die Söldner waren aber nur dem ergeben, der sie bezahlte. Wenn kein Krieg war, hatten sie keine Aufgabe und zogen umher, plünderten und stifteten Unruhe im Land. Also wurden die Krieger in Friedenszeiten weiterbezahlt. Ab dem Jahr 1480 gab es das erste richtige Söldnerheer in Deutschland, das Landsknechtsheer.

So sahen die ersten Kanonen aus.

Die Statue eines italienischen Söldners (condottiere)

Ausbildung zum Ritter

Ein Ritter (= Reiter) war nicht einfach ein berittener Krieger. Nur die Söhne adliger Familien wurden Ritter. Ein Ritter musste tugendhaft, diszipliniert, gerecht und ein guter Christ sein.

Seit dem 11. Jh. gab es eine richtige Ausbildung für einen Ritter. Schon im Alter von sieben Jahren wurde ein adliger Junge an einen fremden Hof geschickt, wo er erst als Page, dann als Knappe diente. Mit etwa 21 Jahren erhielt der Knappe seinen Ritterschlag („Schwertleite"). Feierlich übergab man ihm das Ritterschwert und erhob ihn in den Ritterstand.

Vom Knappen zum Ritter

Am Abend vor der großen Feier wurde ein Reinigungsbad genommen.

Der Knappe verbrachte die Nacht in der Kapelle und betete darum, ein guter und würdiger Ritter zu werden.

Am Morgen kleidete er sich in festliche Gewänder. Ein Page und ein älterer Knappe halfen ihm.

Dann kniete der Knappe vor seinem Lehnsherrn und erhielt den Ritterschlag: einen Schlag auf die linke Schulter.

Der Lehnsherr überreichte ihm anschließend ein eigenes Schwert und Sporen.

In der Kapelle wurde der junge Ritter vom Priester gesegnet, damit er immer siegreich aus einer Schlacht zurückkehrte.

Ein Ritter, gerüstet für das Schlachtfeld. Aus einer italienischen Handschrift.

Kriegsdienst

Die Ritter bekamen Land vom ihrem Lehnsherrn und mussten dafür 40 Tage im Jahr Kriegsdienst für ihn leisten. Außerdem verbrachten sie auch viel Zeit auf der Burg ihres Lehnsherrn. Wenn sie nicht kämpften, nahmen sie an Wettkämpfen auf Turnieren teil.

Der ritterliche Tross

Ritter reisten meist in Begleitung: Pagen und Knappen, Krieger und Diener bildeten den Tross. Mindestens drei Pferde mussten mitgeführt werden: ein Schlachtross, ein Reitpferd und ein Packpferd, das die Ausrüstung trug.

Minnesänger

Die ritterlichen Tugenden wurden von den Minnesängern (fahrende Sänger und Dichter) gepriesen. Die Lieder handelten von heldenhaften Rittern und ihrer Liebe (Minne = Liebe) zu einem Burgfräulein, für das sie in den Kampf zogen.

Der hl. Georg und die Prinzessin, eine beliebte Rittersage. Wandgemälde in der Kirche San Zeno Maggiore in Verona, Italien.

Ein Ritter mit Diener und Pferden auf der Reise

Soziale Tugenden

Als Ritter musste man nicht nur gut kämpfen, sondern sich auch gut benehmen und gut sprechen können sowie bestimmte Tugenden besitzen: Freigebigkeit, Ehrlichkeit, Höflichkeit, Hilfsbereitschaft und Treue. Das waren sehr hohe Anforderungen, die kaum einer erfüllen konnte.

Minnesänger waren sehr angesehen und wurden von den Burgherren reich belohnt. So haben beispielsweise Eleonore von Aquitanien (1122–1204), Königin von Frankreich und später von England, sowie ihre Töchter die höfische Literatur besonders gefördert. Oft blieb ein Sänger mehrere Jahre auf einer Burg. Menschen kamen von weit her, um ihn zu hören.

Die Burgherrin lauscht den Neuigkeiten, die eine Kammerfrau ihr vorliest. Sie scheint den singenden Ritter nicht zu beachten.

ca. 1100–1450

Ritterturnier

Ritterturniere waren bei den Rittern und bei der Bevölkerung sehr beliebt. Die Ritter nahmen an den Wettkämpfen teil, weil sie sich ein Preisgeld verdienen oder eine adlige Dame beeindrucken wollten. Der Gewinner wurde ein berühmter Mann. Aber es war auch eine gute Übung mit den Waffen in Friedenszeiten. Das erste Turnier in Deutschland fand 1127 in Würzburg statt.

Ein Turnier im Jahr 1350

Der Tjost

Zunächst veranstaltete man auf dem Turnier Gruppenschauwettkämpfe (Buhurt). Dabei ging es um Geschicklichkeit. Waffen führte man nicht mit, höchstens einen Schild, um seinen Gegner vom Pferd zu stoßen. Im 13. Jh. wurde der reiterliche Zweikampf mit Lanze (Tjost) beliebter. Zwei Reiter galoppierten auf ihren Pferden aufeinander zu und ver-

suchten sich mit ihren Lanzen aus dem Sattel zu heben. Drei Lanzen durfte jeder zerbrechen. Fiel ein Ritter vom Pferd, ging der Kampf am Boden mit dem Schwert weiter, bis ein Ritter auf die Knie ging oder sein Schwert fallen ließ.

Diese Ritter warten auf ihren Start.

Eine Lanze

Die Pferde waren durch ein Harnisch aus Leder, eine Decke aus Eisengeflecht und eine metallene Rossstirn auf dem Kopf geschützt.

Ein Verlierer versucht sein Pferd und seine Sporen zurückzukaufen.

Ein Dieb

Gewinner und Verlierer

Zu Beginn des Mittelalters waren die Turniere noch tödlich, so mancher Ritter starb beim Wettkampf. Doch ab dem 13. Jh. ähnelten sie eher Volksfesten. Es gab strenge Regeln, nach denen gekämpft wurde. Die Ritter kämpften um Hab und Gut. Der Gewinner erhielt von seinem Gegner Pferd und Rüstung oder Geld. Schwere Verletzungen gab es trotzdem noch.

Der Tilt

Ab dem 15. Jh. trennte ein Zaun (Tilt) die Wettkämpfer beim Tjost. Dieser Zaun wirkte wie eine Leitplanke und schützte den vom Pferd gefallenen Reiter davor, vom Pferd des Gegners zertrampelt zu werden.

Ritterwappen

Ein Ritter in Rüstung war, vor allem auf dem Schlachtfeld, kaum von einem anderen zu unterscheiden. Darum malten sie Zeichen auf Rüstung, Tunika und Schild, damit sie erkennen konnten, wer Freund oder Feind war. Daraus entstanden die Wappen. Jede Familie hatte ihr eigenes Wappen.

Auf einem Turnier stellten die Herolde (Ausrufer) jeden teilnehmenden Ritter vor. Sie erkannten ihn beim Einreiten an seinem Wappen. Die Wappen wurden in Wappenbüchern (Wappenrollen) festgehalten und es entwickelte sich eine Wissenschaft daraus: die Wappenkunde (Heraldik). Die ersten Wappen stammen von ca. 1130.

Für die Wappen wurden Farben und Motive verwendet, die jeweils eine besondere Bedeutung hatten. Die häufigsten Wappenfiguren waren Gestirne (Sonne, Mond, Sterne), Pflanzen (Lilie, Rose, Blätter, Blüten, Früchte), Türme, Werkzeuge (Anker, Axt), Tiere (Adler, Löwe, Leopard) und das Kreuz.

Die Einteilungen im Wappen

Dieses Bild aus einem Glasfenster zeigt König Rudolph I. mit seinem Wappen.

Wappen
Das Wappen hat stets die Form eines Schildes. Die Schilde sind in Felder unterteilt und werden immer vom Träger aus beschrieben. Rechts ist also in der Heraldik links vom Betrachter aus gesehen.

Die Anzahl der Farben der Wappen war begrenzt: Metallfarben wie Gold (Gelb) und Silber (Weiß) und eigentliche Farben wie Blau, Rot, Schwarz, Grün. Auch ein Pelzwerkmuster (z. B. Hermelin) war möglich. Es gab eine Grundregel, damit das Wappen gut erkennbar war: kein Metall auf Metall und keine Farbe auf Farbe. Entweder hatte das Wappen einen metallfarbenen Hintergrund und farbige Zeichen oder umgekehrt.

Familienwappen
Die Adelsfamilien vererbten ihre Wappen über Generationen. Die Töchter behielten bis zur Heirat das Wappen ihres Vaters. Die Söhne und andere männliche Mitglieder der Familien führten das Familienwappen mit einem eigenen Zeichen darin.

Lebte der Vater noch, trug der älteste Sohn unter anderem ein solches „Bezeichen" im Wappen.

Wappenkunde

Die Herolde hielten alle Wappenarten auf Wappenrollen fest. Die einfachsten Zeichnungen heißen Heroldsbilder:

Schildhaupt — Balken — Pfahl — Schrägrechtsbalken — Heroldskreuz — Andreaskreuz — Sparren — Keil

Die Schilde konnten bestimmte Einteilungen haben oder mit Linien bzw. Figuren verziert sein.

Einteilungen:

Geteilt — Gespalten — Schräg geteilt

Muster:

Siebenmal gespalten — Siebenmal quer gestreift — Siebenmal schräg rechts geteilt — Zickzackbalken

Geviert — Sparren geteilt — Geschachtet — Wellenbalken — Gerautet — Zu acht Plätzen geständert

Einige Wappenfiguren:

Löwe im Sprung — Fuchs sitzend — Lilien umgürtet — Rose — Lilienendenkreuz — Gekreuzte Äxte — Halbmond

Wappenwahl

Die Figuren und Formen auf den Wappen haben alle ihre eigene Bedeutung. Eine Muschel verweist auf einen Pilger: Ein Urvater der Familie war also einmal auf Pilgerschaft. Eine Biene kennzeichnet einen fleißigen Menschen, ein Schwert einen Krieger.

Häufig enthielt das Wappen Zeichen, die auf den Namen des Trägers hinwiesen. Das Königreich von Kastilien hatte beispielsweise ein Schloss (span. castillo) in seinem Wappen.

Diese Abbildung aus einer spanischen Handschrift zeigt den König von Kastilien (Schloss) und Leon (Löwe). Der Hintergrund des Wappens war nun üblicherweise weiß, nicht mehr silbern, weil Metall mit der Zeit anlief.

Beschreibung des Wappens

Das mündliche Beschreiben eines Wappens nach heraldischen Regeln heißt in der Fachsprache „blasonieren", von frz. blason, das Wappen. Dabei war eine genaue Reihenfolge festgelegt: Erst beschrieb man die Schildeinteilung, dann die Farben und anschließend die Figuren. Zwei erfundene Wappen siehst du unten:

Feh (nachgeahmtes Pelzwerk), silbern und grün

Gespalten rot und azurblau mit goldener Galeere

Der Burgherr und seine Familie

Befehlshaber auf der Burg war der Burgherr – ein Graf, Herzog, Fürst oder der König selbst. War er fort, gab die Burgherrin die nötigen Anweisungen. Der Burgherr kontrollierte regelmäßig seinen Besitz und besuchte die Leibeigenen. Er kontrollierte, ob alle ihren Zins bezahlten und keiner gegen ihn rebellierte.

Das Siegel von Isabella von Hainault

Das Siegel von Robert Fitzwalter

Auf der Burg hielt der Burgherr Gericht über die Bewohner seines Landes. Er fällte Urteile und verhängte nach seinem Ermessen Strafen. Außerdem empfing er Gäste und Boten mit wichtigen Nachrichten. Schickte der König nach ihm, musste er sofort in den Krieg ziehen.

Das Siegel
Die wenigsten Menschen im Mittelalter konnten schreiben, oft auch der Burgherr nicht. Er hatte dafür einen Schreiber. Der Burgherr setzte als Unterschrift sein Siegel unter den Brief oder die Urkunde. Das Siegel, eine Metallscheibe mit dem Familienwappen, wurde dafür in einen heißen Wachsfleck auf dem Papier gedrückt.

Der Burggraf
Weil sich der Burgherr nicht um alles kümmern konnte, setzte er als Stellvertreter einen Burggrafen (Burgvogt) ein. Dieser erhob für seinen Lehnsherrn den Zins und sorgte für Recht und Ordnung.

Die Burgherrin
Auch die adligen Frauen hatten kein leichtes Leben. Sie wurden nicht aus Liebe geheiratet, sondern aus politischen Gründen oder um den Besitz zu vergrößern.

Die Burgherrin hatte viele Aufgabenbereiche. Hauptsächlich musste sie sich um den Haushalt kümmern. Sie kontrollierte, ob genug Lebensmittel da waren, ob die Vorräte reichten und was gekocht werden sollte. Kamen Gäste, kümmerte sie sich um Schlafgelegenheit und sorgte für Unterhaltung beim Festmahl. Außerdem sorgte sie natürlich für die Kinder und leitete das Gesinde an. In Abwesenheit ihres Gemahls kümmerte sie sich um die Amtsgeschäfte und sogar um die Verteidigung der Burg.

Der Burgherr und seine Familie in ihrem Privatgemach

Wandteppich

Wandmalerei

Die Männer spielen Schach.

Ein mittelalterlicher Laufstuhl

Die Großmutter wiegt das Baby in den Schlaf.

Die Kinder spielen mit Spielzeugrittern.

Eine Kammerzofe kämmt das Haar ihrer Herrin. Aus einer alten Handschrift.

Freizeit
In ihrer wenigen Freizeit spielten die adligen Damen Brettspiele, lasen, stickten, sangen oder tanzten. Sie konnten auch reiten und gingen auf Falkenjagd. Festlichkeiten und Picknicks wurden veranstaltet und Freunde besucht. Manchmal reiste die Burgherrin auch mit zum König.

Heirat
Die Eltern suchten die Ehepartner für ihre Kinder aus. Oft war das schon bei der Geburt entschieden. Die Mädchen wurden meist im Alter von 14 Jahren verheiratet.

Heilkunde
Manche Burgen hatten ihren eigenen Arzt. Wenn nicht, dann übernahm diese Aufgabe die Burgherrin. Sie hatte gelernt, welche Medizin gegen welches Leiden half. Sie kümmerte sich um den Kräutergarten und setzte Arzneien an.

Eine Burgherrin hatte den ganzen Tag Arbeit:

Die Burgherrin überwacht die Arbeit des Gesindes.

Sie bespricht mit dem Hausmeier und dem Küchenmeister den Speiseplan für ein Festessen.

Sie kontrolliert die Stoffe für die Kleider.

Die Kinder
Auf der Burg lebten nicht nur die Kinder des Burgherrn, sondern auch die von Verwandten. Die Kinder wurden streng erzogen. Der Burggeistliche unterrichtete sie im Lesen, Schreiben und Rechnen. Die Mädchen mussten schon früh im Haushalt mithelfen. Die Jungen kamen mit sieben Jahren an einen anderen Hof, um als Pagen zu dienen.

Mittelalterliches Spielzeug: ein Steckenpferd, ein Reif und ein Ball

Das Spielzeug wurde aus natürlichen Materialien gemacht wie Holz und Leder.

57

Die Verwaltung

Der Burgherr war zwar der Oberbefehlshaber auf der Burg, doch er konnte sich nicht allein um alles kümmern. Vor allem nicht, wenn er mehrere Burgen und Rittergüter besaß und seinen Pflichten gegenüber seinem Lehnsherrn nachkam oder sogar ein hohes Amt bekleidete.

Deshalb gab es für die einzelnen Bereiche Verwalter, die im Namen ihres Herrn auf dem Besitz für Recht und Ordnung sorgten und das Vermögen verwalteten. Es gab einen Verwalter für die Burg und je einen für die Rittergüter.

Schinken werden zum Trocknen aufgehängt.

Ein Diener bringt einen Sack mit Getreide in den Lagerraum.

Der Hausmeier überwacht das Einsalzen der Fische.

Eine riesige Menge Fisch liegt zum Einsalzen bereit.

Die Verwalter

Der Gutsverwalter unterstützte die Büttel (Gerichtsdiener) bei ihren Aufgaben und sorgte dafür, dass das Land im Sinne seines Herrn bewirtschaftet wurde. Er sammelte den Zins von den Leibeigenen ein und kontrollierte, ob sie die Felder gut bestellten. Nach Absprache mit dem Hausmeier legte er fest, was angebaut wurde und wie viel die Bauern abgeben mussten, damit alle Burgbewohner satt wurden.

Der Hausmeier hatte für genügend Vorräte zu sorgen, auch für den Fall einer Belagerung. Er musste genau wissen, wie viele Lebensmittel er für das ganze Jahr brauchte, denn er konnte nicht einfach nachbestellen. Wenn nicht genug angebaut worden war, gab es nichts mehr zu essen.

Der Hausmeier kümmerte sich um das Einsalzen von Nahrungsmitteln, damit sie lange haltbar blieben. Allerdings schmeckte das nicht sehr gut. Deshalb würzte man die Speisen stark. Gewürze waren außerordentlich teuer und wurden weggeschlossen. Der Hausmeier organisierte gemeinsam mit der Burgherrin die Festbankette und suchte Musiker und Schausteller für die Unterhaltung aus.

Die Schreiber

Die Schreiber halfen den Verwaltern. Sie notierten den einzuholenden Zins und schrieben bei Gerichtsverhandlungen Protokolle. War der Burgherr ein Amtsträger des Königs, mussten die Schreiber regelmäßig Berichte an den Hof, beispielsweise über die politische oder wirtschaftliche Situation im Land, anfertigen. Hinzu kamen natürlich die üblichen Briefwechsel: Einladungen, Glückwünsche zu einem Turniersieg oder einer Hochzeit, Nachrichten über Aufstände in der Bevölkerung oder andere politische Neuigkeiten.

Ein Bildnis von Eadwine, einem Mönch aus dem 12. Jh. Er sitzt an seinem Schreibpult.

Der Büttel

Der Burgherr besaß außer der Burg oft noch weitere Landgüter, auf denen ein ihm untergebener Ritter lebte. Diesem Ritter half ein Büttel (Gerichtsdiener) bei der Verwaltung des Besitzes. Er überwachte die Arbeit der Bauern und sammelte den Zins ein. Er war befugt, in kleineren Angelegenheiten Recht zu sprechen und Streitigkeiten zu schlichten.

Büttel und Gemeindevorsteher beraten sich.

Ihm untergeordnet war der Gemeindevorsteher (Schultheiß), der von den Leibeigenen gewählt wurde und selbst unfrei war. Er vertrat deren Interessen und Rechte vor dem Burgherrn und sprach für sie vor Gericht.

Der Kämmerer

Der Kämmerer trug die Verantwortung für den persönlichen Besitz des Burgherrn. Er wurde vom Schatzmeister unterstützt. Damals gab es noch keine Banken, also wurden Geld und andere wertvolle Schätze auf der Burg aufbewahrt. Der Kämmerer verschloss das Geld in einer großen Truhe. Über alle Einnahmen und Ausgaben wurde genau Buch geführt.

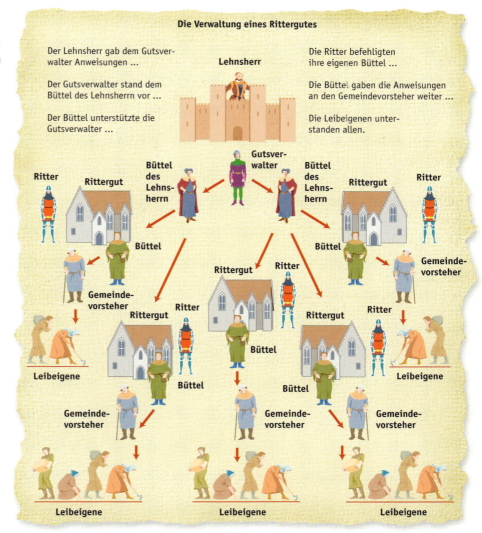

Die Verwaltung eines Rittergutes

Der Lehnsherr gab dem Gutsverwalter Anweisungen …

Der Gutsverwalter stand dem Büttel des Lehnsherrn vor …

Der Büttel unterstützte die Gutsverwalter …

Die Ritter befehligten ihre eigenen Büttel …

Die Büttel gaben die Anweisungen an den Gemeindevorsteher weiter …

Die Leibeigenen unterstanden allen.

Kämmerer und Schatzmeister überprüfen die Finanzen des Burgherrn.

Die Listen mit den Pachterträgen lagen in einem Schrank.

Der Kämmerer trug eine Amtskette.

Das goldene Geschirr wurde in der Truhe sicher aufbewahrt.

Der Schatzmeister

Die Geldtruhe des Burgherrn.

Auf dem Pult des Schreibers standen immer genügend Schreibfedern und Tinte.

Ein Schreiber

Die Soldaten

Auch in Friedenszeiten musste die Verteidigung einer Burg gesichert sein. Oft genug überfielen Burgherren ihre Nachbarn, um den eigenen Besitz zu vergrößern. Oder ein Ritter ohne Besitz wollte eine Burg erobern und das Land einnehmen. Auf jeder Burg gab es deshalb einen Burgkommandanten und Burgmannen, die für eine gute Verteidigung sorgen mussten. Dafür erhielten sie eine Versorgung und Lehen.

Auch Ritter mussten auf der Burg oder im Krieg für ihren Lehnsherrn Waffendienst leisten. Doch sie befreiten sich oft davon, indem sie eine Ablösesumme (Schildgeld) zahlten. Von diesem Geld bezahlte der Lehnsherr Krieger, die das ganze Jahr Kriegsdienst leisteten und ständig auf der Burg lebten.

Die Wachmänner
Auf den Wehrgängen patrouillierten Tag und Nacht Wachmänner und meldeten jeden Menschen, der sich der Burg näherte. Der Burgherr hatte auch eine persönliche Leibwache, die ihn auf Reisen begleitete. Denn besonders im Wald lauerten viele Banditen.

Die Burgmannen
Zu den Kriegern auf der Burg gehörten vor allem die Bogenschützen. Sie schossen mit dem Langbogen oder der Armbrust, konnten aber auch jede andere Waffe bedienen. Der Burgkommandant gab die militärischen Befehle. Ihm zur Seite stand der Wachtmeister.

Ein Überraschungsangriff in der Dämmerung

Eine Wache schläft, während der Feind leise auf Sturmleitern die Burgmauer erklimmt.

Dieser Krieger war abgelenkt.

Der Wachtmeister und die Wachen rennen dem Feind entgegen.

Die Angreifer haben die Burgmauer erklommen, stoßen nun aber auf aufmerksame Wachmänner.

Pagen und Knappen

Die Ritter hatten stets einige Pagen und Knappen in ihrem Gefolge. Jeder Page hatte bestimmte Aufgaben auf der Burg inne, wie zum Beispiel das Essen zu servieren. Auch das gehörte zu seiner Ausbildung.

Pagen üben sich im Kampf mit den Waffen.

Die meiste Zeit des Tages verbrachte der Page mit Unterricht durch den Burggeistlichen: Er musste lesen, schreiben und Latein lernen. Gutes Benehmen, Singen und Tanzen standen ebenfalls auf seinem Stundenplan. Die Pagen lernten natürlich auch reiten und übten sich mit Holzschwertern in der Waffentechnik.

Mit 12 bis 14 Jahren wurde der Page Knappe. Nun durfte er mit richtigen Waffen üben. Der Unterricht wurde aber fortgesetzt. Der Knappe sorgte dafür, dass die Waffen und die Rüstung seines Herrn in Ordnung waren. Er hielt das Pferd und half bei Vorbereitungen für einen Feldzug. Der Knappe begleitete den Ritter überallhin – auch auf das Schlachtfeld.

Ein gespielter Tjost

Der Burgkommandant gibt zwei Knappen Unterricht im Schwertkampf.

Ein älterer Page richtet seine Lanze auf ein Ziel. Er sitzt auf einem Holzpferd, das zwei Diener ziehen.

Kampfübungen

Die Knappen trieben Sport, um an Ausdauer zu gewinnen, und übten unentwegt den Umgang mit Waffen und Pferd. Sie probierten ihre Lanze an einer Stechpuppe aus oder versuchten mit der Lanze Ringe aufzuspießen.

Die Stechpuppe war ein Holzpfosten mit einem beweglichen Arm. Auf einer Seite hing eine Holzplatte (das Ziel), auf der anderen ein Sack als Gewicht. Die Übung mit der Stechpuppe war gut für die Reaktionsfähigkeit des Knappen.

Der Knappe ritt mit der Lanze unter dem Arm auf die Stechpuppe zu. Er musste das Ziel in der Mitte treffen.

Duckte er sich nach dem Treffen nicht gleich, schlug ihm der Sack an den Kopf.

Ein Festbankett

Hauptnahrungsmittel waren Brot, Käse und Gemüse. Im Burggarten wuchs Gemüse, das man frisch aß, einmachte oder trocknete. Einige Burgen hatten sogar Obstbäume. Im Norden Europas gab es Äpfel und Birnen, im Süden Trauben und Zitrusfrüchte. Auch Bienen wurden wegen des Honigs gehalten. Mit Honig süßte man die Speisen, denn Zucker war sehr teuer und kam aus Asien und dem Orient.

Ein Festbankett
Wurden Gäste geladen, bogen sich die Tische unter den Speisen. Exotische Gerichte wie gebratener Pfau oder Schwan, oft noch mit der echten Gefiederpracht, sollten die adligen Herrschaften beeindrucken.
Das Essen wurde reich verziert, der Koch fertigte kunstvolle Nachspeisen, etwa eine Burg aus Marzipan an.

Je höher der Rang des Gastes war, desto näher saß er am Tisch des Burgherrn und erhielt etwas von den Köstlichkeiten.

Das Brot
Im Mittelalter kannte man in Europa weder Kartoffeln noch Nudeln und nur die Reichen konnten sich Reis leisten. Deshalb gab es zu jeder Mahlzeit Brot. Das Brot für den Burgherrn wurde aus feinem weißen Mehl gebacken, das Brot für das Gesinde war aus gröberem und dunklerem Mehl. Dunkles Brot benutzte man sogar an Stelle von Tellern. Am Ende des Mahls wurden diese Krustenstücke den Armen gegeben.

Fleischgerichte
Je reicher die Menschen waren, desto besser aßen sie. Der Burgherr und die hohen Amtsinhaber ließen sich Wildbret und andere Köstlichkeiten servieren. Ein gewöhnliches Mahl bestand aus mindestens vier Gängen. Der Speisezettel des Gesindes fiel wesentlich karger aus: Gemüse, Brot und sehr selten Fleisch.
Fleisch wurde im Mittelalter viel gegessen – Geflügel, Schwein, Rind oder Wild, oft kam alles auf den Tisch. Nur an Feiertagen, an denen die Kirche das Fleischessen verbot, gab es Fisch. So erklärten die Engländer die Ringelgans und den Biberschwanz zum Fisch, damit sie auch an diesen Tagen Fleisch essen konnten.

Rangniedrigere Gäste saßen am Ende des Tisches.

Ein Schneidebrett aus Holz

Eine Fleischpastete

Die Musiker stimmen ihre Instrumente. Sie sollen zum Essen spielen.

Ein Page

Fahrende Schausteller und Gaukler wurden für das Fest engagiert.

Ein gefüllter Pfau mit echtem Schwanz

62

Feste, Spiele und Theater

Der Burgherr und seine Angehörigen ließen sich gern unterhalten. Auf vielen Burgen gab es einen Hofnarren oder einen Minnesänger. Auch fahrende Schauspieler und Artisten kamen vorbei. Häufig überwinterten sie auf einer größeren Burg und zeigten ihr Können gegen Essen und einen Schlafplatz.

Es gab auch besinnlichere Abende, an denen Brettspiele gespielt, Neuigkeiten ausgetauscht und Handarbeiten gefertigt wurden.

Ein Narr auf einem verzierten Brief

Würfelspiele waren auch sehr beliebt, obwohl die Kirche sie bald verbot. Da nur das Glück dabei entscheidend war, sah sie es als Teufelszeug an.

Jahrmarkt

An kirchlichen Feiertagen musste auch das Gesinde nicht arbeiten. Nach dem Kirchgang feierte man, tanzte und sang. Zweimal im Jahr war Jahrmarkt, und auch das war jedes Mal ein Feiertag. Auf den mittelalterlichen Jahrmärkten gab es noch keine Karussells, aber die fremden Kaufleute mit ihren exotischen Waren waren ebenso beliebt: Sie verkauften Waren, die das Leben angenehm machten. So boten sie z. B. feine Stoffe, Schmuck und Pelze, Gewürze aus Asien, Wein aus Frankreich und Schwerter aus Spanien an.

Brettspiele

Im Mittelalter spielte man bereits Brettspiele wie Mühle, Tricktrack (das heutige Backgammon) und Schach. Die Spielsteine waren stets kunstvoll verziert. Das Spielverhalten war manchmal extrem. Ein Mann wurde einmal mit dem Schachbrett verprügelt, weil er den Fehler gemacht hatte, den König zu schlagen.

Ein Mann spielt Schach (Holzschnitt).

Jahrmarkt in der Stadt

Ein Käsestand

Falsche Medizin

Ballen mit Seide aus Asien

Ein Dame wählt Stoff für ein neues Kleid aus.

Apfelhaschen

Ein Tanzbär

Ringer unterhalten die Menge.

Sport

Sport im Mittelalter umfasste Hockey, Hammer werfen, Wettrennen, Ringkämpfe und Kegeln. Sogar Fußball wurde bereits gespielt. Aber es war wohl ein recht grobes Spiel, ganze Dörfer kämpften dabei gegeneinander.

Mittelalterliche Musik

Musik spielte eine große Rolle im Mittelalter. Es gab zwei Arten: Kirchenmusik und die weltliche Musik. Die frühen mittelalterlichen Lieder wurden nur einstimmig gesungen. Die Musik hatte keine inhaltliche Bedeutung, sondern sollte nur den Text unterstreichen. Die Dichter trugen ihre Werke immer singend vor.

Musik gemacht wurde beinahe bei jeder Gelegenheit, zum Beispiel beim Baden und beim Essen.

Theaterstücke

Im Mittelalter wurden Theaterstücke in der Kirche aufgeführt. Sie hatten biblische Themen. Damit sollte den einfachen Menschen die Bibel näher gebracht werden. Aus Platzgründen spielte man diese Stücke bald vor der Kirche und dann auf dem Marktplatz. Man verwendete Spezialeffekte und Bühnenbilder.

Wertvolle Gegenstände wurden an einem Stand verkauft, den man abschließen konnte.

Fahrende Musiker spielen zum Tanz auf.

Ein Verkaufsstand mit heimischen Produkten wie Honig

Ein Priester schimpft mit einem Mann, der angebliche Engelsfedern als Reliquie verkauft.

Ein Kasperletheater

Ein Packpferd wird abgeladen.

Ein Kaufmann bietet Gewürze an.

Messer, Haarbänder und billiger Schmuck

Musik und Tanz

Die Musik, die außerhalb der Kirche gespielt wurde, war sehr lebendig. Beliebte Instrumente waren Laute, Fidel (dreisaitige Geige), Flöte, Tamburin, Harfe, Orgel, Trompete und Trommel. Die Burgbewohner tanzten in einem großen Kreis und bewegten sich dabei würdevoll im Takt. Die Dorfbewohner tanzten ausgelassen, hüpften herum und drehten sich zur Musik.

Die Minnesänger

Die meisten Musiker waren immer auf Wanderschaft. Die Minnesänger zogen von Burg zu Burg, blieben hier und da mal länger. Sie waren nicht nur wegen ihrer Lieder sehr beliebt, sondern auch als Nachrichtenerzähler. Sie brachten Neuigkeiten von anderen Burgen und aus der Stadt. Ebenso gern gesehen waren die fahrenden Spielmänner. Sie trugen ihre oft sehr langen Balladen immer aus dem Gedächtnis vor.

Der Minnesänger begleitet sich selbst auf einer Laute wie dieser. Eine Laute wurde wie eine heutige Gitarre gespielt.

Die Jagd

Die Jagd war im Mittelalter nicht nur ein Vergnügungssport. Die Menschen jagten, um Fleisch zum Essen zu bekommen. Abgesehen davon war es ein großes gesellschaftliches Ereignis. Bereits früh lud der Burgherr seine Gäste zum Frühstück ein. Dann ritt die Jagdgesellschaft in den Wald.

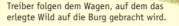

Fand eine Hetzjagd statt, so spürten die Jäger zunächst mit ihren Hunden die Jagdbeute auf – Wildschwein, Wolf, Fuchs, Bär, Hirsch oder Reh. Dann zeigten sie der Jagdgesellschaft, wohin diese reiten musste. Der Grundherr blies in sein Horn – das Zeichen für den Jagdbeginn. Wildschweine wurden mit dem Spieß erlegt, Hasen von den Hunden gerissen, Vögel wurden mit Netzen gefangen.

Treiber folgen dem Wagen, auf dem das erlegte Wild auf die Burg gebracht wird.

Die Treiber
Bei der Treibjagd wurden Leibeigene als so genannte Treiber eingesetzt. Sie schlugen mit Stöcken auf das Unterholz, in dem das Wild sich verbarg. Sie trieben (daher der Name) damit das Wild aus seinem Versteck.

Eine Jagdgesellschaft bricht auf.

Ein geschmückter Jagdwagen. Zeichnung aus einer mittelalterlichen Handschrift.

Der Burgherr bläst ins Horn.

Ein Jäger

Ein breites Lederhalsband schützte die Hundekehle vor den Hauern des Ebers.

Die Wälder des Königs

Die Wälder gehörten zum Großteil dem König. Doch die Burgherren erhielten das Jagdrecht für das Gebiet um ihre Burg.

Wilderei

Die Burgherren achteten sehr scharf darauf, dass kein anderer in ihrem Wald jagte. Wer es dennoch tat, wurde als Wilderer verfolgt und schwer bestraft. Auch seinen Bauern verbot der Burgherr die Jagd, obwohl Wildschweine oft großen Schaden in den Feldern anrichteten. Das Jagdverbot wurde allerdings häufig übertreten, denn die Menschen litten meist großen Hunger. Die Leibeigenen jagten mit Pfeil und Bogen, Netzen, Fallen und sogar mit Frettchen.

Treiber helfen einem Mann auf, der über einen Baumstamm gestolpert ist.

Den Bauern war es streng verboten zu jagen. Wenn sie erwischt wurden, drohten harte Strafen.

Ein flüchtender Wilddieb

Gelegentlich hielt die Jagdgesellschaft für ein Picknick an.

Ein Jäger zieht einem Hund einen Dorn aus der Pfote.

Mittelalterliche Spürhunde

Zwei Banditen (Geächtete) verstecken sich. Entweder haben sie etwas Böses im Sinn oder sie flüchten gerade.

Die Falknerei

Im Mittelalter gingen die Damen erst spät mit zur Treib- und Hetzjagd, doch an der Beize (Jagd mit Falken) nahmen sie schon früh teil. Diese Jagd lief weniger stürmisch ab. Die Falken wurden dressiert, auf Befehl Beute zu jagen – kleinere Vögel, Kaninchen oder Hasen.

Adlige gehen auf Beize. Abbildung aus dem Stundenbuch Les Très Riches Heures (ca. 1415) des französischen Herzogs von Berry.

Ein heutiger französischer Falkner in mittelalterlicher Tracht

Ein Falke wird abgerichtet

Die Falkendressur nahm viel Zeit und Arbeit in Anspruch. Falken waren sehr teuer und man brauchte gut ausgebildete Trainer. Die Falkner genossen großes Ansehen im Mittelalter. Kaiser Friedrich II. beschreibt in seinem Buch *Über die Kunst mit Vögeln zu jagen* den idealen Falkner: klein, geduldig, wagemutig und ausgeglichen, mit guten Augen und Ohren.

Die vier Schritte beim Abrichten

1. Dem Falken werden die Krallen geschnitten und Glöckchen an die Beine gebunden. Eine Haube bedeckt die Augen.

2. Der Falke wird von seinem Herrn gefüttert, bis er halbwegs zahm ist und auf der Hand sitzen bleibt.

3. Der Falke wird (ohne Haube) an eine Leine gebunden. Am anderen Ende hängt ein Stück Fleisch, das der Falkner wie die Beute durch die Luft fliegen lässt. Der Falke soll es fangen.

4. Nun lässt man den Falken fliegen und auf eine echte Beute ansetzen. Hat er sie gefangen, kommt er auf die Hand des Falkners zurück.

Hackordnung

Genauso wie es im gesellschaftlichen Alltag eine strenge Rangordnung gab, war auch genau festgelegt, wer mit welchem Vogel jagen durfte. Dem Kaiser war der Adler vorbehalten und dem König der Geierfalke, während sich der freie Bauer mit dem Hühnerhabicht begnügen musste. Verstieß man gegen diese Regeln, wurde das entsprechend geahndet.

Kaiser: Adler

König: Geierfalke

Die Ausrüstung eines Falkners

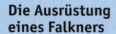
Ein Köder, um den Falken wieder anzulocken

Eine Haube bedeckt die Augen des Falken und hält ihn ruhig.

Eine Leine hindert den Falken am Wegfliegen.

Der Falkner trägt einen gefütterten Handschuh, der ihn vor dem Schnabel und den Krallen des Vogels schützt.

Die Glöckchen am Bein des Falken helfen, ihn zu orten.

In einer Ledertasche hat der Falkner Köder und Leckerbissen zur Belohnung für den Vogel.

Prinzen und Grafen: Wanderfalke

Baron: Bussard

Ritter: Würgfalke

Landedelmann: Feldeggsfalke

Adlige Dame: Zwergfalke (Merlinfalke)

Freier Bauer: Hühnerhabicht

Geistlicher: Sperber

Leibeigener: Turmfalke

Eine adlige Dame geht auf Falkenjagd.

Ein Falkner bringt die Vögel für die Jagd.

Damen ritten seitlich sitzend im Damensattel.

69

ca. 900–1500

Leben auf dem Land

Der Burgherr war nicht nur für seine Familie und die Burgbewohner verantwortlich. Ihm unterstanden auch die Leibeigenen in den umliegenden Dörfern. Noch am Ende des Mittelalters lebten 90 Prozent der Bevölkerung auf dem Land.

Zu Füßen der Burg und der vor ihr entstehenden Stadt lagen die Dörfer, in denen die Bauern und Handwerker mit ihren Familien in kleinen Häusern, den so genannten Katen, lebten. Bei Gefahr konnten sich die Dorfbewohner auf die schützende Burg retten, wo sie Zuflucht fanden, bis sie in ihre Häuser zurück konnten.

Das Dorf
Die Dörfer waren im Großen und Ganzen ähnlich aufgebaut: eine Kirche, das Pfarrhaus, 20 bis 30 Hütten und ein Fluss oder eine Quelle in der Nähe. Es gab außerdem eine Mühle und Weideland für das Vieh, das dem Dorf gehörte (Allmende). Auf drei Feldern wurde das Getreide angebaut, von dem sich die Dorf- und Burgbewohner ernährten.

Das ist eine Zeichnung von einem mittelalterlichen Dorf, umgeben von drei Feldern.

Die Feldwirtschaft
Im Mittelalter waren die Felder in unzählige schmale Streifen (Parzellen) unterteilt. Dazwischen verliefen Graspfade. Jeder Leibeigene bekam einen Streifen in jedem Feld. Auf dem fruchtbarsten Teil des Landes wuchs natürlich das Getreide des Lehnsherrn.

Ein Bauer bringt den Samen aus (mittelalterlicher Holzschnitt)

Die Ackerstreifen lagen mitunter weit auseinander, was Zeit kostete beim Bestellen. Pflegte ein Leibeigener sein Feldstück nicht ordentlich, so griff das Unkraut schnell auf die anderen Stücke über. Die Bauern betrieben die so genannte Dreifelderwirtschaft: Auf einem Feld wurde Weizen und auf einem anderen Gerste gesät. Das dritte lag brach. Jedes Jahr blieb ein anderes Feld unbestellt.

Arbeitsalltag
Wenn die Leibeigenen nicht das Land des Burgherrn bestellen mussten, bearbeiteten sie ihren eigenen Acker. Sie richteten sich dabei nach dem Bauernkalender. Im Herbst pflügten sie ihre Streifen um, säten, reparierten das Werkzeug und säuberten die Bewässerungsgräben. Die Tiere, für die über den Winter nicht genug Futter da war, wurden geschlachtet. Das Fleisch wurde haltbar gemacht.

Mittelalterliche Sense

Alles wurde von Hand gemacht. Das Getreide schnitten die Bauern mit der Sense.

Im Frühling wurden Hafer, Erbsen und Bohnen gesät. Nun musste bis zum Sommer sorgfältig Unkraut gejätet werden. Im Sommer ernteten die Menschen das Getreide, aus dem Mehl für Brot gemahlen wurde. Sie mähten und trockneten Gras – das Heu für die Versorgung ihrer Tiere im Winter.

Die Frauen bewirtschafteten den Obst- und Gemüsegarten und machten Butter. Außerdem spannen sie Wolle und fertigten die Kleidung für die gesamte Familie. Die Kinder mussten schon früh die Tiere hüten und die Vögel von den Obstbäumen und Feldern verjagen. Sie halfen auch bei der Ernte mit.

Nördliches Feld (Weizen)

Westliches Feld (liegt brach)

Hütten der Leibeigenen

Östliches Feld (Gerste)

Dorfwiese

Kirche

Pfarrhaus

Hütten der Leibeigenen

Allmende

70

Zins

Der Lehnsherr lieh den Leibeigenen sein Land zum Bearbeiten. Dafür mussten diese jedoch einen Teil der Ernte (Zins) an ihn abgeben und Frondienste leisten.

Die Leibeigenen waren verpflichtet, im Durchschnitt drei Tage in der Woche für den Burgherrn das Land zu bestellen. Sie holten Holz für ihn aus dem Wald, liehen ihm ihre Ochsen für sieben Tage im Jahr und wuschen und schoren seine Schafe.

Am Fuß des Burgbergs lag das Dorf, wo die Bauern und Handwerker wohnten. Zu der Siedlung gehörte meist auch eine Mühle, in der Getreide zu Mehl gemahlen wurde.

Die Dorfhütten

Die Hütten der Leibeigenen waren sehr eng und klein. In höchstens zwei Zimmern wohnte die ganze Familie. Besaß die Familie ein Schwein oder eine Ziege, lebten diese auch mit drin. Die Hütten bestanden aus Holzgestellen, deren Zwischenräume mit Zweigen und Klee gefüllt waren. Das Dach war mit Stroh gedeckt. Möbel gab es kaum: ein Tisch, ein paar Stühle und eine Kleidertruhe. Die Menschen schliefen auf Strohmatratzen. Für Betten wäre auch gar kein Platz gewesen.

Ein Dorf unterhalb der Burg des Lehnsherrn

Die Mühle des Lehnsherrn

Die Leibeigenen mahlten in der Mühle des Lehnsherrn ihr Korn, pressten mit seiner Weinpresse ihre Trauben und backten in seinem Ofen ihr Brot. Dafür mussten sie auch Abgaben leisten. Sie mussten sogar dafür bezahlen, wenn die Tochter heiratete oder der Sohn zur Schule ging.

Die Hütte eines Leibeigenen mit Innenansicht

Holzstoß

Neben der Hütte lag ein kleiner Gemüsegarten.

Gekocht wurde über dem offenen Feuer.

Gänse

Recht und Gesetz

Im Mittelalter war das Leben weitgehend durch die Gesetze des Königs oder die des jeweiligen Lehnsherrn geregelt. Für Ordnung sorgten die Truppen des Königs oder Lehnsherrn. Eine Polizei gab es noch nicht.

Gericht bei Hof

Schwerere Verbrechen wie Diebstahl oder gar Mord wurden vor dem königlichen Gericht verhandelt. Dieses Gericht (Wandergericht) reiste stets mit dem König mit, hatte also keinen festen Ort. Aber auch die Lehnsherren konnten Gericht halten und Urteile fällen.

Gerichtskosten wurden bereits im Mittelalter erhoben. Sah sich der richtende Adlige von einem Kläger seiner Zeit beraubt, stellte er auch das in Rechnung. Ein Leibeigener, der seiner Arbeit gegenüber dem Lehnsherr nicht nachkam, wurde vom Büttel vor Gericht gebracht.

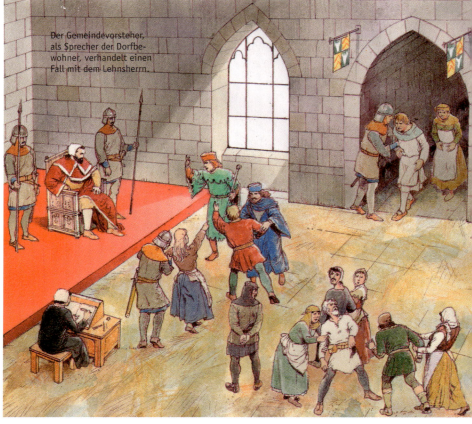

Der Gemeindevorsteher, als Sprecher der Dorfbewohner, verhandelt einen Fall mit dem Lehnsherrn.

Ein Gerichtssaal. Zwei Gegner stehen kurz vor einer Schlägerei.

Viele Leibeigenen versuchten zu fliehen, um aus dem Abhängigkeitsverhältnis zu entkommen. Wurden sie ein Jahr und einen Tag nicht gefasst, waren sie frei. Der Lehnsherr, dessen Leibeigener in die Stadt geflohen war, musste sich an das dortige Gericht wenden und seine Rechte beweisen. Da dieses Verfahren sehr aufwändig war, begnügte er sich oft mit einem Kopfgeld, das der Leibeigene ihm zahlen musste, um frei zu sein.

Gesetze in der Stadt

Bürgermeister und der Bürgerrat waren verantwortlich für die Gerichtsbarkeit in der Stadt. Tagsüber bezahlten sie einen Wachtmeister, der Verhaftungen vornahm und für Recht und Ordnung sorgte. Nachts übernahm das die „Nachtwache". Das war eine Gruppe freiwilliger Bürger, die die Stadt bewachen wollten. Jeder in der Stadt war zudem verpflichtet, laut zu rufen, wenn er ein Verbrechen sah.

Gesetzesbrecher wurden schnell vor Gericht gebracht. Vor der Verurteilung wurden sie in eine Zelle gesperrt. Danach warf man sie jedoch nicht wieder ins Gefängnis, sondern sie bekamen als Strafe ein Bußgeld oder eine körperliche Bestrafung.

Eine Schandmaske aus Deutschland

Diese Maske musste man bei einem kleinen Verbrechen aufsetzen.

Die Glocken zeigten immer an, wo der Betroffene war.

Öffentliche Strafen

Im Mittelalter war man der Meinung, dass die öffentliche Zurschaustellung von Verbrechern die beste Strafe und auch Abschreckung wäre. Frauen, die zu viel tratschten, wurden auf den „Tauchschemel" gebunden und mehrmals untergetaucht.

Der „Tauchschemel"

Ein Schlachter, der schlechtes Fleisch verkauft hatte, musste einen Nachmittag am Pranger verbringen. Das Volk durfte ihn dann beschimpfen und mit faulem Obst beschmeißen.

Bäcker, die zu kleine Brote buken, wurden ebenfalls bestraft. Es war festgeschrieben, an welchen Tagen welche Brotsorte gebacken werden durfte und wie groß die Brote sein mussten. Brotschauer kontrollierten die Bäcker, ob sie die Maße einhielten. Betrügerische Bäcker wurden in einem Korb über einer Jauchegrube aufgehängt. Wer den Korb verlassen wollte, musste wohl oder übel vor der Menge in die Jauche springen. Dies war vor allem in der Schweiz eine gebräuchliche Art der Bestrafung.

Die Strafen sollten zu den Verbrechen passen. So wurde Frauen, die in der Öffentlichkeit ständig stritten, die Doppelhalsgeige umgehängt. Verkaufte ein Händler sauren Wein, musst er ihn selbst trinken und bekam ihn außerdem über den Kopf geschüttet. Bei schwereren Verbrechen drohte Auspeitschen. Mörder wurden gehängt, gerädert, gevierteilt oder verbrannt. Adlige Verurteilte wurden geköpft.

Das Gottesurteil

Im Mittelalter gab es bei Gericht noch einige traditionelle Bräuche: Beim Zweikampf (oft bei Rittern) kämpfte man auf Leben oder Tod. Das Gottesurteil war bis ins 13. Jh. wichtiger Bestandteil der Rechtsprechung: So musste ein Angeklagter eine bestimmte Strecke einen Brocken heißen Eisens tragen. Waren seine Hände innerhalb von drei Tagen verheilt, war er unschuldig.

Eine Schandmaske, die klatschenden Frauen aufgesetzt wurde.

Hier werden zwei Bäcker für den Verkauf alten Brotes bestraft.

Verbrecher wurden auf einem Schlitten durch das Dorf gezogen.

Der Pranger

Die Bäcker werden mit Eiern sowie faulem Obst und Gemüse beworfen.

Leben in der Stadt

Ab dem 12. Jh. entstanden immer neue Städte. Sie gruppierten sich meist um eine Burg. Besonders große Burgen brauchten eine Versorgung, die ein Dorf nicht mehr leisten konnte. Eine Stadt brachte dem Burgherrn auch viel mehr Steuereinkünfte.

Schutz für die Stadt
Auch Städte, die nicht innerhalb einer Burgmauer lagen, waren gut geschützt. Es gab Mauern mit Zinnen und Wehrgängen. Die Stadttore waren den ganzen Tag bewacht und wurden abends fest verschlossen. Jeder, der die Stadt betrat, wurde am Tor kontrolliert.

Um die Burg ist eine Stadt gewachsen.

Das Boot eines Weinhändlers

Die Stadtverwaltung
Die kleineren Städte regierte meist der Lehnsherr oder ein Amtmann. Doch mit der Zeit gewannen die Kaufleute immer mehr an Macht und wehrten sich dagegen. Sie forderten eine eigene Verwaltung. Ein Bürgermeister wurde eingesetzt und verschiedene Räte gebildet, die sich um die Belange der Stadt kümmerten: Bauarbeiten, Verteidigungsanlagen, Märkte. Manche Städte wurden vollständig unabhängig und bildeten Stadtstaaten, wie die italienischen Städte Venedig oder Florenz.

Das Stadtleben
Städte waren dicht bevölkert, laut, voller Gestank und Dreck, der sich an den Straßenrändern auftürmte. Viele Krankheiten konnten sich hier verbreiten. Auf der anderen Seite bedeutete das Leben in einer Stadt für die meisten Menschen Freiheit und die Möglichkeit, eine eigene Existenz aufzubauen.

Die Handwerker lebten und arbeiteten in ihren Häusern. Einige hatten auch Geschäfte im Wohnhaus und verkauften ihre Produkte. Die meisten arbeiteten aber auf Bestellung und für den freien Verkauf (z. B. auf dem Markt). Jedes Handwerk hatte seine eigene Straße oder sein eigenes Viertel. So lebten alle Bäcker in einer Straße (daher der Name Bäckerstraße) oder alle Goldschmiede usw.

Beherrschte man kein Handwerk, wurde man Kaufmann. Die Kaufleute handelten mit heimischen Produkten und importierten exotische Waren wie Gewürze oder Seide. Frische Nahrungsmittel kauften die Menschen auf dem Markt. Einmal in der Woche kamen die Bauern in die Stadt und verkauften Eier, Butter, Käse, Obst und Gemüse.

Eine Straße in einer mittelalterlichen Stadt

Einige Straßen waren gepflastert, aber auf den meisten versank man im Schlamm und in riesigen Schlaglöchern.

Viele Häuser hatter keinen Schornstein, soncern nur ein Loch im Dach.

Die Ausbildung

Wollte man ein Handwerk erlernen, musste man eine langjährige Ausbildung machen. Die jungen Burschen wurden zunächst Lehrlinge und zogen zu ihrem Meister. Die Ausbildung war sehr hart. Oft wurden sie geschlagen und bekamen nur wenig zu essen. Auch Freizeit hatten sie kaum. Drei bis fünf Jahre dauerte die Ausbildung. Die jungen Gesellen gingen anschließend auf Wanderschaft.

Sie arbeiteten bei verschiedenen Meistern, um Erfahrung zu sammeln. Um in die Zunft aufgenommen und selbst Meister zu werden, brauchte der Geselle ein „Meisterstück", Geld und einen guten Leumund.

Die Zünfte

Vertreter gleicher Handwerksberufe schlossen sich in Zünften (Gilden) zusammen, um sich gegenseitig zu unterstützen. Sie stellten Zunftordnungen auf, in denen Preise, Qualität, die Art und Dauer der Ausbildung und die Arbeitszeiten geregelt waren. Auch Strafen für Vergehen gegen diese Ordnungen wurden festgelegt. Die Zunft unterstützte ihre Kranken, Witwen und Waisen und gab Not leidenden Mitgliedern Kredite.
Mit der Zeit gewannen die Zünfte großen politischen Einfluss. Am mächtigsten wurden die Zünfte der Kaufleute. In einigen Städten gelang es ihnen, den Stadtherrn zu entmachten und selbst durch einen Rat und einen Bürgermeister die Macht zu übernehmen.
Die Kaufleute schlossen sich zusammen, um sich auf ihren Handelsreisen Schutz zu geben. Daraus entstanden Städtebünde, von denen der mächtigste die „Hanse" wurde. Zu ihr gehörten z. B. Bremen, Hamburg, Lübeck, Köln, Braunschweig und viele andere Städte. Um ihre Mitglieder im Ausland zu schützen und den Handel zu fördern, gründete die Hanse Niederlassungen, z. B. in London, Brügge oder Bergen.

Das erste Geld

Im frühen Mittelalter bezahlte man noch nicht mit Geld, sondern tauschte Waren (Tauschhandel). Erst im 12. Jh. erhielten immer mehr Städte vom König die Erlaubnis, Märkte abzuhalten (Marktrecht) und eigene Münzen zu prägen (Münzrecht). Nun wurde fast alles mit Geld bezahlt. Mit dem Geld kamen auch die ersten Banken auf. Neben dem Adel, der Geistlichkeit und den Bauern bildete sich ein neuer Stand heraus: das Stadtbürgertum.

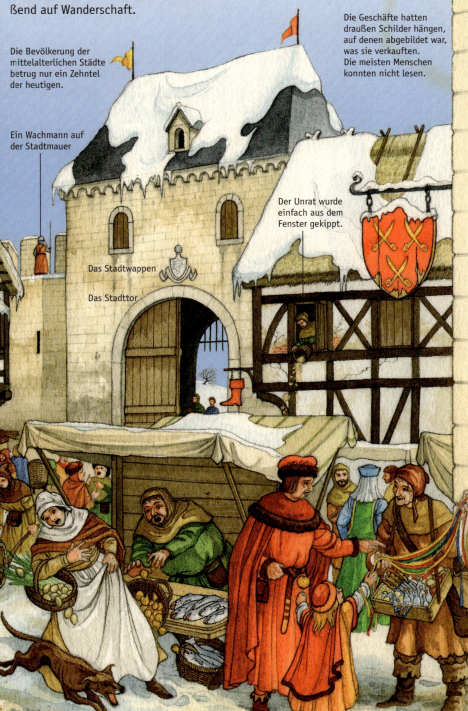

Die Bevölkerung der mittelalterlichen Städte betrug nur ein Zehntel der heutigen.

Ein Wachmann auf der Stadtmauer

Die Geschäfte hatten draußen Schilder hängen, auf denen abgebildet war, was sie verkauften. Die meisten Menschen konnten nicht lesen.

Der Unrat wurde einfach aus dem Fenster gekippt.

Das Stadtwappen

Das Stadttor

Zeittafel

Hohes Mittelalter

950 n. Chr.

Ab Mitte des 10. Jh. bestimmten Kriege und Unruhen den Alltag in Europa. Herrscher kämpften um Land und Macht. In Italien bekriegten sich die Anhänger der deutschen Herrscher (Gibellinen) und die des Papstes (Guelfen).

Um 953 Die erste Motte wird errichtet.

Burgherrin und Burgherr um 1000

1000 n. Chr.

Im 11. Jh. entwickelt sich das Lehnswesen.

In Europa werden Motten und Turmburgen aus Holz gebaut, einige sogar schon aus Stein.

Die Krieger verwenden große, wie Flugdrachen geformte Schilde und tragen Panzerhemden zum Schutz in der Schlacht.

1050 n. Chr.

1066–87 Schlacht bei Hastings: Der normannische Herzog William erobert England und wird König William I.

1073 Die Sachsen unterwerfen sich Heinrich IV.

1077 Heinrich IV. tritt den Gang nach Canossa an. Damit erreicht er, dass der Papst den Bann löst, den er 1076 gegen ihn verhängt hat.

Ab 1078 William I. lässt einen der ersten Schellkeeps aus Stein bauen: den White Tower in London, England.

1084 Heinrich IV. greift den Papst und Rom an.

1091 Die Normannen erobern Sizilien.

1096–99 Der erste von sieben Kreuzzügen

1100 n. Chr.

1100 Steinburgen ersetzen die hölzernen Motten und Turmburgen.

1113 Ritter gründen den Johanniterorden; sie wollen das Christentum im Heiligen Land verteidigen.

1119 Der Templerorden wird gegründet zum Schutz der Jerusalempilger.

1139–54 Zeit der Bürgerkriege zwischen Königin Mathilde und König Stephan in England.

Burgherr und Burgherrin um 1100

1150 n. Chr.

1150 Steinburgen prägen die europäische Landschaft.

Die Ritter tragen eine Tunika über dem Panzerhemd. Darauf ist das Familienwappen zu sehen.

1152 Heinrich II. von England heiratet Eleonore von Aquitanien. Er besitzt nun viel Land in Frankreich, was zu zahlreichen Kriegen führt.

Um 1180 Burgen mit mehreckigen Türmen werden gebaut.

1190 Der Deutsche Orden wird gegründet (ab 1198 Ritterorden).

Burgherrin und Burgherr um 1200

Um 1200 Runde Wohntürme werden gebaut.

Die Burgen erhalten Gebäude innerhalb der Mauern. Der Wohnturm ist nur noch Fluchtort bei Angriffen.

1204 Philipp II. von Frankreich erobert die Normandie von König Johann I. von England.

1226–83 Ritter des Deutschen Ordens erobern Preußen.

1245 Der Papst erklärt Kaiser Friedrich II. für abgesetzt und bezeichnet ihn als Ketzer; Krieg bricht aus.

1250 n. Chr.

Das Spätmittelalter bricht an

Um **1270** Gilbert de Clare baut Caerphilly, die erste Kastellburg in England

1282 Die Sizilianer vertreiben alle Franzosen von ihrer Insel.

1300 n. Chr.

Um **1300** Metallplatten über dem Panzerhemd schützen die Gliedmaßen der Ritter.

Beim Burgenbau ist Wohnkomfort nun genauso wichtig wie die Verteidigung.

1312 Der Papst beschuldigt den Templerorden der Ketzerei und verbietet ihn.

1309 Der Deutsche Ritterorden erklärt die Marienburg, Preußen, zu seinem Hauptsitz.

1310 Ritter des Johanniterordens machen Rhodos zu ihrem Hauptsitz.

Burgherr und Burgherrin um 1300

Um **1330** Die erste Kanone wird gebaut.

1347–51 Die Pest breitet sich in Europa aus. Ein Drittel der Bevölkerung stirbt.

1350 n. Chr.

Ab **1350** Das Lehnswesen löst sich auf.

Beim Burgenbau wird nun großer Wert auf Wohnkomfort gelegt. Einige Burgen sind aus Ziegelsteinen gebaut.

1339–1453 Hundertjähriger Krieg zwischen England und Frankreich

1400 n. Chr.

Um **1400** Der Burgenbau lässt nach.

Die Ritter tragen Rüstungen in der Schlacht.

1410–11 Bürgerkrieg in Frankreich

Burgherrin und Burgherr um 1400

1415 Heinrich V. von England besiegt die Franzosen bei Agincourt, Frankreich.

1429 Das Bauernmädchen Jeanne d'Arc (Jungfrau von Orleans) verhilft dem französischen König zum Sieg. Zwei Jahre später wird sie von den Engländern verurteilt und als Hexe verbrannt.

1442 Alfonso von Aragon erobert die italienische Stadt Neapel.

1450 n. Chr. und später

1457 Die Polen erobern Marienburg; der Deutsche Ritterorden zieht nach Königsberg, Preußen.

1485 Heinrich VII. beendet den 30-jährigen Bürgerkrieg in England und begründet das Haus der Tudor.

1486 Der Habsburger Maximilian I. (genannt „der letzte Ritter") wird König.

1492 Spanien erobert Granada von den Mauren.

1498–1515 Ludwig XII. von Frankreich greift Italien an, erobert Mailand.

1504 Beginn der spanisch-habsburgischen Herrschaft über Italien

1500 n. Chr.

Um **1540** Heinrich VIII. von England lässt Kanonenburgen an der englischen Küste bauen.

Burgherrin und Burgherr um 1500

1642–1649 Bürgerkrieg in England. Viele Burgen werden wieder genutzt und zerstört.

Ab **1869** König Ludwig II. von Bayern baut seine Märchenschlösser.

Burgen in Europa

Diese Landkarte zeigt einige der zahlreichen Burgen in Europa. Die Auswahl wurde auf Anlagen beschränkt, die im Buch erwähnt wurden, eine bedeutende Rolle in ihrer Zeit spielten oder noch sehr gut erhalten beziehungsweise wieder restauriert worden sind.

Auf den Seiten 80–81 sind die auf dieser Landkarte eingetragenen Burgen näher erklärt. Wähle dir eine Flagge aus und suche die entsprechende Erklärung zu der Burg.

Du kannst dir aber auch auf den folgenden Seiten eine Burg heraussuchen und auf der Karte nachschauen, wo sie liegt. Eine kleinere Karte, die Burgen im Mittleren Osten und in Japan zeigt, findest du auf den Seiten 82–83.

Auf den ersten Blick siehst du auf der Karte, wo die einzelnen Burgen liegen. Schaust du aber näher hin, kannst du erkennen, dass sie entweder an einem Fluss oder an einer Grenze beziehungsweise Küste als Schutzburg erbaut wurden. Sammeln sich mehrere Burgen in einer Gegend, war diese sicherlich im Mittelalter stark umkämpft.

78

Burgen in Europa

Belgien
1 Beersel: erbaut im 14./15. Jh. mit Burggraben und vier Ecktürmen
2 Bouillon: erbaut im 11. Jh. von den Herzögen von Bouillon; einer von ihnen führte den 1. Kreuzzug mit an.
3 Coorroy-le-Château: erbaut im 13. Jh. mit sieben großen Türmen
4 Ghent: erbaut auf den Grundmauern eines Wikinger-Forts um 1180; an Kreuzritterburgen angelehnt
5 s'Gravensteen: steinerner Wohnturm von 1180, umgeben von Burggraben und einer ovalen Mauer mit 24 Türmen

Dänemark
6 Hammershus: große Burg aus dem 13. Jh. mit zwei Vorburgen
7 Nyborg: gilt als Skandinaviens älteste königliche Burg; erbaut im 12. Jh. zum Schutz gegen Piraten
8 Vordinborg: Überreste einer der größten Burgen Skandinaviens aus dem 14. Jh. mit zwei Burghöfen und dem „Gänseturm"

Deutschland
9 Albrechtsburg: siehe Seite 28
10 Altenburg: begonnen 1109; 300 Jahre bewohnt von den Erzbischöfen von Bamberg; 1553 bei einem Angriff durch Feuer zerstört; wird restauriert.
11 Bentheim: größte Burg in Niedersachsen, erbaut 1116. Die Mauern des Wohnturms sind fast 5 m dick. Eine der wenigen Burgen mit Folterkammer.
12 Burg Eltz
13 Burghausen: mit 900 m die längste Burg Europas; besitzt fünf Vorburgen
14 Erfurt: siehe S. 28
15 Gutenfels und Pfalz
16 Henneburg: halbrunde Burg; jetzt Ruine
17 Kaiserburg: liegt auf Bergkamm; einen Turm erbaute Kaiser Heinrich III.
18 Kaiserswerth: Königshof erstmals 1101 genannt; die Wasserburgpfalz wurde 1174–84 von Kaiser Friedrich I. auf einer Rheininsel erbaut.
19 Lichtenstein: erbaut im 13. Jh.; wieder aufgebaut im 19. Jh.
20 Limburg: Wohnturm und Kapelle der Bischofsburg sind aus dem 13. Jh., der Palas aus dem 14. Jh.
21 Fest. Marienberg: Schutzburg von Würzburg; in der Burg eine karolingische Kapelle von 822; der frei stehende Bergfried ist um 1250 erbaut.
22 Marksburg: erbaut am Rhein um 1100; Sitz der Deutschen Burgenvereinigung
23 Mespelbrunn
24 Münzenburg: Burg aus dem 12. Jh.

25 Neuschwanstein: siehe Seite 35
26 Rothenburg
27 Sterrenberg & Liebenstein: zwei 500 m voneinander entfernte Burgen; auch „die feindlichen Brüder" genannt.
28 Thurant: Doppelburg mit Zwillingstürmen
29 Wartburg: im 11. Jh. aus Holz erbaut; in Stein befestigt im 12. Jh. Martin Luther übersetzte hier die Bibel ins Deutsche.
30 Wildenburg
31 Wimpfen: Kaiserpfalz der Staufer; um 1200 in einem Zug erbaut; ab 15. Jh. Teil der Stadt; der Wohnturm hat 5 Stockwerke und einen Aborterker.

Finnland
32 Hame: Burg fast ganz aus Ziegeln

Frankreich
33 Angers: Burg aus dem 13. Jh. mit 17 Rundtürmen in der Ringmauer
34 Annecy: Bau begonnen im 12. Jh., dauerte bis ins 16. Jh.
35 Arques-la-Bataille: erbaut 1038, belagert von William I. 1052–3; aufgebaut von Heinrich I. in den 1120ern; wechselte immer wieder von franz. in engl. Besitz.
36 Bannes: viele Spitzdächer und Türme; gemischter Architekturstil zeigt Wandel von Schutzfunktion zu Wohnkomfort.
37 Bonaguil: Burg aus dem 13. Jh.; fünfeckiger Wohnturm und runde Ecktürme
38 Caen: erbaut 1050 von William I.
39 Château Gaillard: erbaut von Richard I. von England
40 Chinon: drei Burgen nebeneinander, verbunden durch den Burggraben
41 Domfront: Ruine aus dem 12. Jh.
42 Falaise
43 Fougères: wichtige Wehrburg mit 13 Türmen; begonnen im 12. Jh. Die Stadt wuchs um sie herum.
44 Gisors: Ruine mit polygonalem Wohnturm
45 Loches: Wohnturm aus dem 12. Jh. mit Überresten eines Gebäudes aus dem 11. Jh.
46 Montségur: erbaut 1204 mit fünf Seiten und einem großen Viereckturm; zerstört nach einer zweimonatigen Belagerung
47 Pau: Burg bewachte nahe der span. Grenze eine Flussfurt. Geburtsort Heinrichs IV. von Frankreich.
48 Provins: Wohnturm aus dem 12. Jh., rechteckig an der Basis, nach oben hin achteckig
49 Saumur: Märchenschloss in dem Stundenbuch Les Très Heures von Herzog von Berry
50 Tarascon

Griechenland
51 Rhodos: Burg der Johanniter aus dem frühen 13. Jh.

Großbritannien
52 Aberystwyth: siehe Seite 26
53 Alnwick: Motte und Vorburg; befestigt in Stein im 12. Jh.; dann Schellkeep mit sieben Türmen
54 Arundel
55 Beaumaris: siehe Seite 26
56 Berkeley: Motte und zwei Vorburgen
57 Caernarvon: Motte mit Vorburg von 1090; in Stein wieder aufgebaut von Edward I. 1283–1330 als sein walisischer Hauptsitz
58 Caerphilly: siehe Seite 26–27
59 Corfe
60 Craigievar: siehe Seite 31
61 Dover: königl. Burg, erbaut im 13. Jh. zum Schutz der engl. Küste
62 Edinburgh: liegt auf Felsenklippe, Sitz der schottischen Könige
63 Framlingham
64 Harlech: siehe Seite 26
65 Kenilworth: 12. Jh.
66 Rhuddlan: siehe Seite 26
67 Richmond: normannische Burg mit der ältesten großen Halle in Großbritannien
68 Rochester: eindrucksvolle Burgruine
69 Stirling: liegt an der Grenze zu den Highlands, abwechselnd in schottischer und englischer Hand
70 Tantallon: Burg von Anfang des 14. Jh.; seit 17. Jh. unbewohnt
71 Tower von London: erbaut von William I. um 1078, Wahrzeichen der Stadt
72 Warwick: erbaut 1068
73 Windsor: Königsschloss, Sitz der Königin von England

Irland
74 Blarney: Steinburg von 1210; laut Sage (18. Jh.) erhält man etwas vom irischen Zauber, wenn man den Blarney-Stein küsst.
75 Cahir: eine der besterhaltenen und größten Burgen Irlands. Die Treppe in einem Turm führt bis hinunter zum Fluss, der Wasserversorgung während einer Belagerung.
76 Carrickfergus: erbaut um 1180
77 Roscommon: Torhaus mit Zwillingstürmen
78 Trim: Wohnturm in dreieckiger Vorburg

Italien
79 Bari: ein Viereckturm, umgeben von vier großen rechteckigen Steintürmen

80 Buonconsiglio: erbaut 1239–55; sein massiver runder Augustus-Turm stammt vermutlich aus römischer Zeit.

81 Caldes

82 Castel del Monte: siehe Seite 30.

83 Castel Sant'Angelo

84 Castello Ursino (Sizilien): rechteckige Burg mit Rundtürmen, erbaut 1239, später umgebaut

85 Stenico: begonnen 1163; gemischte Baustile bis ins 15. Jh., später Wohnhaus

86 Toblino: Burg auf einer Insel mit Turm und Wohnquartieren

Lettland

87 Riga: große, rechteckige Burg; erbaut vom Deutschen Orden

Litauen

88 Trakai: die Burg, erbaut im 14. Jh., liegt in einer Seenlandschaft.

Luxemburg

89 Vianden: eine der größten Burgen Europas; die Überreste stammen aus dem 13. und 14. Jh. In die große Halle passten 500 Menschen.

Niederlande

90 Doornenburg: Burg aus Ziegeln; einige Teile stammen aus dem 13. Jh.

91 Muiderslot: erbaut 1280, 16 Jahre später zerstört; erneut aufgebaut 1370

92 Radboud: eine große Burg aus dem 13. Jh. auf Resten einer früheren Anlage. Im 19. Jh. größtenteils zerstört.

93 Rozendall: Ziegelbau mit 4 m dicken Wänden

Norwegen

94 Akershus: ein Schlossbau mit Wänden aus dem 14. Jh. in der Mitte; heute offizielle königliche Residenz

Österreich

95 Bruck (Tirol): erbaut 1252–77; gut erhalten

96 Dürnstein: eine Ruine auf einem Felsen über der Donau; hier hielt 1192 Herzog Leopold V. von Österreich Richard I. (Löwenherz) von England gefangen.

97 Falkenstein: Mitte 12. Jh. erstmals erwähnt, gut erhalten

98 Forchenstein: erbaut 1300, um die Grenze zu Ungarn zu schützen. Der Wohnturm ist noch erhalten.

99 Friesach: drei Burganlagen, erbaut ab 1077, die eine Stadt schützen

100 Hochosterwitz: die Burg hat 16 Burgtore.

101 Hohenwerfen: erbaut 1077 als Schutzburg für die Stadt Salzburg

102 Hohensalzburg: eine große Burganlage über der Stadt Salzburg; der Bau dauerte von 1077 bis ins 17. Jh.

Polen

103 Marienburg: rechteckiger Ziegelbau; Hauptsitz des Deutschen Ordens

104 Marienwerder: Burg aus dem 14. Jh., erbaut vom Deutschen Orden

105 Wawel: nahe Krakau gelegen; seit 11. Jh. Sitz der polnischen Könige

Portugal

106 Beja: erbaut auf Resten eines römischen Forts und größtenteils verändert

107 Braganza: Viereckturm, erbaut 1187 von König Sancho I. von Portugal

108 Elvas: der größte Wohnturm in Portugal; ursprünglich erbaut von den Mauren, erobert von Sancho II. 1226 und weitgehend verändert

109 Guimaraes: Burg aus dem 15. Jh., der Wohnturm ist ein umgebauter Turm einer früheren Burg.

110 Leiria: Schlossburg mit großem Viereckturm

111 Silves: erbaut von den Mauren, wieder aufgebaut und erweitert von den Christen 1189; im 20. Jh. restauriert

Rumänien

112 Bran: hölzerne Schutzburg aus dem 13. Jh. für die Stadt Sibiu. In Stein wieder aufgebaut 1377; Schauplatz für den Roman Drakula aus dem 19. Jh.

Russland

113 Novgorod: erbaut 1044 von König Jaruslaw; älteste erhaltene Wehrburg in Russland

Schweden

114 Helsinborg: erbaut von den Dänen, wieder aufgebaut 1370 mit fast 4,60 m dicken Mauern

115 Kalmar: aus dem späten 13. Jh. mit runder Ringmauer, vier Rundtürmen, zwei Toranlagen und Wohnturm

Schweiz

116 Aigle: Burg aus dem 15. Jh. mit großem Wohnturm

117 Chillon: siehe Seite 31

118 Grandson: große Burg aus dem 13. Jh. mit hohen Mauern und Rundtürmen

119 Habsburg: umgebaut über viele Jahrhunderte; Sitz des Kaisergeschlechts der Habsburger

120 Kyburg: 1200 erbaut; in der Kapelle sind Wandmalereien aus dem 15. Jh.

121 Tarasp: Wehrbau aus dem 11. Jh.

122 Valeria: Ort der Burg bereits in römischer Zeit besiedelt; in der Kirche befindet sich die älteste noch bespielbare Orgel der Welt.

123 Visconti: Wehranlage, seit 1342 Sitz Mailänder Stadtherren

Slowenien

124 Bled: Heinrich II. schenkte die Burg (damals nur Wohnturm) 1004 Bischof Albuin von Prixen.

Spanien

125 Alarcon: erbaut von den Mauren, jetzt Hotel

126 Alcazaba (Malaga): maurische Burg auf einem Hügel, verbunden mit einer anderen Burg durch eine Zickzack-Mauer

127 Alcázar (Segovia): siehe Seite 44

128 Alhambra (Granada): aus dem 13. Jh., erbaut auf einem Bergkamm

129 Banos de la Encina: erbaut von den Mauren 967–968; 15 Türme in der Ringmauer und eine steinerne Toranlage, geformt wie ein doppeltes Hufeisen

130 Coca: eine Wehranlage aus Ziegeln, erbaut für den Erzbischof von Sevilla

131 El Real de Manzaneres: siehe Seite 15

132 Escalona: eine von Spaniens größten Burgen; erbaut von den Mauren im 10./11. Jh.; Bau aus Stein und Ziegeln.

133 La Mota: siehe Seite 30

134 Olite: keilförmige Schlossburganlage aus dem 15. Jh. mit Bädern, Dachgarten und kleinem Zoo

135 Penafiel: lange, schmale Burganlage

136 Ponferrada: 1185 im Besitz der Templerritter; Schutzburg für Pilger

137 Sadaba: erbaut auf der Grenze zwischen christl. und muslim. Spanien

Tschechien

138 Hukvaldy: Burgruine aus dem 13. Jh., wurde später nie wieder aufgebaut

139 Kalich: 1421 an Stelle einer Kreuzritterburg erbaut; jetzt nur noch Ruine

140 Karlstein: erbaut 1348 von Karl I. von Ungarn; weiter ausgebaut von Kaiser Karl IV. im 15. Jh.

Ungarn

141 Estergon: erbaut an der Donau im 10. Jh.

142 Sarospatak: erbaut im 12. Jh., mächtiger Viereckturm

81

Burgen in Japan und im Mittleren Osten

Japan

1 Edo: erbaut 1457 in Edo (Tokyo); Wohnturm wurde 200 Jahre später zerstört, die große Stadt wuchs herum; der japan. Kaiser lebt heute noch in einem Teil des kaiserl. Palastes.

2 Hamamatsu (Hikuma-jo): erbaut 1570, erweitert bis 1577

3 Hikone: Bauzeit dauerte fast 20 Jahre; Teile stammen von anderen Burgen, die infolge des Gesetzes „eine Burg in jeder Provinz" zerstört wurden.

4 Himeji-jo: siehe Seite 33; erbaut Mitte des 14. Jh., vollendet 1609. Die Mauern sind gebaut worden, um Angreifern und Erdbeben standzuhalten.

5 Hirosaki (Takaoka-jo): erbaut 1611 als fünfstöckiger Wohnturm; 1631 durch Brand zerstört; 1810 wurde neuer Wohnturm mit drei Stockwerken erbaut.

6 Hiroshima: Rekonstruktion der Burg eines mächtigen Daimyo in den 1590ern; zerstört durch die Atombombe im 2. Weltkrieg

7 Inuyama (Hakutei-jo): erbaut 1537; immer noch im Besitz der Familie, die es Anfang 17. Jh. übernahm

8 Kakegawa (Kumokiri-jo): erbaut 1513, renoviert Ende 16. Jh.; der Wohnturm wurde mit ursprünglichen Mitteln wieder aufgebaut.

9 Kumamoto: erbaut 1600; größtenteils abgebrannt nach einer Belagerung. Einer der Ecktürme war wahrscheinlich der ursprüngliche Wohnturm. Ungewöhnlicherweise folgen die Dachgiebel einer geraden, nicht geschwungenen Linie.

10 Nihonmatsu: entstanden aus zwei Burgen oben auf dem Hügel und unten; die erste wurde Ende 14. Jh. erbaut, die zweite Mitte der 1580er.

11 Osaka (Kin-jo): erbaut 1583 und erobert 1615, trotz starker Wehranlagen. 1620 von den neuen Besitzern größtenteils wieder aufgebaut, nach Blitzschlag erneut abgebrannt.

12 Wakamatsu (Kurokawa-jo): erbaut 1384; der heutige Wohnturm stammt aus dem 16. Jh.

Nordpolarmeer

Hokkaido

Honshu

Japanisches Meer

Japan

Shikoku

Kyushu

Östliches Chinesisches Meer

Pazifischer Ozean

Mittlerer Osten

Zypern
1 St. Hilarion: erbaut mit drei Vorburgen auf einem steilen Berg

Israel
2 Belvoir: siehe Seite 26

Jordanien
3 Kerak: stark befestigte Kreuzritterburg von 1142; lästige Gefangene wurden aus einer Art Schacht von der Burg auf die darunter liegenden Felsen geworfen.

4 Shobak: wichtiger Stützpunkt der Kreuzritter, damals bekannt unter dem Namen Mont Real. Der Kreuzritter Baldwin I. baute die Burg 1115, um die Straße von Damaskus nach Ägypten zu kontrollieren. 1189 wurde die Burg von Saladin erobert. Der Burgbrunnen hat 357 Stufen, die zur Quelle führen.

Libanon
5 Sidon: Burg aus dem 12. Jh. Der Ort war schon im Altertum berühmt.

Syrien
6 Aleppo: große Wehranlage auf einem Hügel über Aleppo, einer der ältesten Städte der Welt. Erbaut Ende 12. Jh.; großer Burggraben umschließt die Steinmauern; innen befinden sich Moscheen, Truppenquartiere und repräsentative Wohnräume.

7 Krak des Chevaliers: siehe Seite 32; eine der berühmtesten mittelalterlichen Burgen und bestes Beispiel für eine Kreuzritterburg. Die meisten Überreste stammen von 1170, als die Johanniter die Anlage vergrößerten.

8 Marqab: Die Burg wurde erbaut aus dem schwarzem Vulkangestein des erloschenen Vulkans, auf dem sie steht. Sie schützte die Verbindungsroute von der Türkei ins Heilige Land.

9 Qalat Saladin: erbaut um 1100; die dreieckige Burganlage liegt auf einem Bergkamm zwischen zwei Hohlwegen; im Innern befinden sich mehrere Höfe, Ställe, Kapellen und ein Wohnturm. Auch bekannt unter dem Namen Burg Sâone nach dem Besitzer Ritter Robert de Sâone.

10 Safita: Viereckturm aus weißem Stein von etwa 1188; ursprünglich Wachturm. Auf seinem Dach wurden Warnfeuer vor anrückenden Truppen angezündet. Innen befinden sich eine Kapelle und eine große Halle für die Krieger. Der Turm wird heute als Kirche genutzt.

Türkei
11 Edessa: Viereckturm, geschützt durch einen 12 m tiefen Burggraben. Die Burg wurde als erste 1098 von den Kreuzrittern erobert, aber in einem Gegenangriff wieder zurückgewonnen.

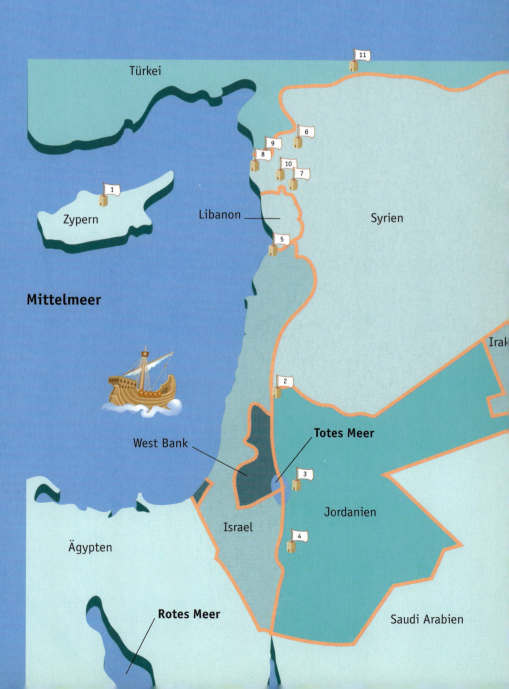

Worterklärungen

A
Abortreiniger: Verantwortlicher für die Reinigung der Toiletten
Adel: Sammelbegriff für die vornehmen Stände. Zum hohen Adel gehörten im Mittelalter der König und die geistlichen (Erzbischöfe, Bischöfe, Äbte) und weltlichen Fürsten (Herzöge, Markgrafen). Zum niederen Adel zählten die meisten Freiherren und Ritter.
Algebra: aus dem arabischen Kulturraum übernommene Rechenart mit Buchstaben
Allmende: dorfeigenes Weideland
Almosenpfleger: Geistlicher, der sich um die Armen kümmerte
Araber: in Arabien wohnende Stämme, die im 7. Jh. durch die Lehre Mohammeds geeint wurden und dann ein großes Reich eroberten, das sich vom heutigen Irak bis nach Spanien erstreckte. Herrscher in diesem Reich waren die Kalifen.
Armbrust: Waffe zum Abschießen von Bolzen; aus zwei Holzstücken kreuzweise übereinander gelegt.

Bogen

B
Baumeister: Architekt und Bauaufseher
Beizjagd: Jagd auf kleinere Tiere mit Falken

Beizjagd

Belagerungsturm: auch Wandelturm genannt; großer hölzerner Turm mit einer Rampe, über die die Angreifer in die Burg gelangen konnten
Bergfried: siehe Wohnturm
Bogen: Waffe für das Abschießen von Pfeilen mit einer Sehne und einem gebogenen Holzstück

Belagerungsturm

Bolzen: kurzer Holzpfeil mit Eisenspitze, den man mit einer Armbrust abschoss
Buhurt: Gruppenschaukampf beim Ritterturnier
Burghof: Hof innerhalb der Burg
Burgkommandant: Verantwortlicher für die Sicherheit und die Truppen auf der Burg
Burgmannen: Krieger auf der Burg
Burgtoranlage: besonders befestigtes Burgtor
Büttel: Verwalter mit richterlichen Aufgaben

Büttel und Gemeindevorsteher

D
Daimyos: japanischer Fürst
Diechling: metallene Oberschenkelschützer

F
Fachwerk: wichtigste Bauweise des Mittelalters, bei der für das Gebäude eine Art Skelett aus Holzbalken errichtet wurde, dessen Zwischenräume man mit Flechtwerk und Lehm füllte
Falkner: Ausbilder der Falken für die Beizjagd
Falknerei: siehe Beizjagd
Fallgatter: Vorrichtung aus Eisen und Holz mit scharfen Zacken unten, die man herunterließ, um das Burgtor zu schützen
Flaschenzug: Vorrichtung, bei der das Zugseil um eine feste und eine lose Rolle geführt wird, sodass man zwar doppelt so viel Seil, aber nur die Hälfte der Kraft braucht, um eine schwere Last zu heben
Fletcher: Pfeilbauer
Frondienst: Arbeit, die Leibeigene für ihren Lehnsherrn leisten mussten

G
Gaukler: Menschen, die Kunststücke vorführten
Geächteter: Ausgestoßener aus der Gemeinde, der keine Rechte mehr besaß
Gemeindevorsteher: Vertreter der Landbewohner, auch ein Leibeigener
Gesinde: Dienerschaft
Gilde: siehe Zunft
Gottesurteil: Strafe (wie glühendes Eisen tragen, gefesselt ins Wasser geworfen werden), die bei Bestehen zeigte, dass Gott dem Verurteilten wohlgesonnen war
Große Halle: Halle, in der Burgbewohner sich aufhielten (Rittersaal, Palas)
Gusserker: Öffnungen im Wehrgang, durch die siedendes Öl, Feuertöpfe, Steine oder Unrat geschmissen wurden
Gutsverwalter: Verantwortlicher für Recht und Ordnung auf den Gütern des Lehnsherrn

H
Harnisch: siehe Panzerhemd
Hausmeier: Verantwortlicher für Haushalt und Dienerschaft auf der Burg
Helm: Kopfschutz für Ritter
Heraldik: Wappenkunde
Herold: Ausrufer bei Turnieren

Helm

Herzog: Herzöge waren im Mittelalter die höchsten weltlichen Fürsten des Reiches nach dem König.
Hetzjagd: aufstöbern des Wildes und Jagen mit Hunden
Höriger: siehe Leibeigener

K
Kämmerer: Verantwortlicher für die Finanzen des Burgherrn

Kaiser: Herrschertitel, den die deutschen Könige erwarben, wenn sie vom Papst in Rom gekrönt wurden
Kammerfrau: persönliche Dienerin der Burgherrin
Kanonenfort: Wehranlage für Kanonen
Kaplan: oberster Geistlicher auf der Burg
Kastellburg: rechteckige Burg mit Ringmauern, wobei die inneren höher sind als die äußeren

Kastellburg

Katapult: Wurfmaschine, mit der Steine, brennende Fackeln und sogar Bienenschwärme über die Mauern einer Festung geschleudert wurden
Kemenate: Privatraum der Burgfamilie; außer großer Halle einziger beheizter Raum
Kettenpanzer: miteinander verbundene Metallringe für ein Panzerhemd
Klappvisier: hochklappbares Gesichtsteil des Helms
Knappe: Diener des Ritters, nächste Stufe in der Ausbildung zum Ritter nach dem Pagen
Kniebuckel: metallene Knieschützer
König: im Mittelalter Titel der Herrscher z. B. in England, Frankreich, Ungarn und Deutschland. Der deutsche König hatte zugleich Anspruch auf den Kaisertitel.
Kreuzritter: europäischer Ritter, der gegen die Muslime im Heiligen Land kämpfte
Kreuzzüge: Kriege zwischen Christen und Muslimen (1096–1291)
Kronvasallen: Vertreter des hohen Adels, die den König als Lehnsherrn hatten

L
Langbogen: Bogen so hoch wie ein Mann
Lanze: langer Speer mit Eisenspitze

Lanze

Lehen: Land, das ein Lehnsherr an seine Gefolgsleute für gute Dienste verleiht
Lehnsherr: Adliger, der Land verleiht
Lehnswesen: Herrschaftssystem, das sich auf das Verleihen von Land stützt
Lehrling: Junge, der ein Handwerk lernt
Leibdiener: persönlicher Diener des Burgherrn
Leibeigene: Menschen, gebunden an einen Herrn

M
Marschall: Verantwortlicher für den Pferdestall und die Handwerker auf der Burg
Marstall: Gebäude, in dem die Pferde untergebracht wurden
Maschiskulis: Löcher in steinernen Wehrgängen, durch die man Unrat oder Ähnliches auf die Feinde warf
Minnesang: Liebeslieder im Mittelalter
Minnesänger: Dichter der Liebeslieder im Mittelalter (auch Troubadour)
Mittelalter: Zeit zwischen Antike und Neuzeit, von der Mitte des 5. bis in die Mitte des 15. Jh. dauernd, wobei man als „hohes Mittelalter" den Zeitraum vom 11. bis etwa in die Mitte des 13. Jh. bezeichnet. Das war gleichzeitig die Blütezeit des Rittertums. Man unterscheidet auch das Frühmittelalter und das Spätmittelalter.
Mordgalerie: steinerner Wehrgang mit Löchern im Boden
Mordlöcher: Löcher in der Decke der Burgtoranlage, durch die man Pech oder siedendes Öl auf Angreifer goss

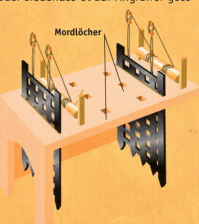
Mordlöcher

Morgenstern: stachelige Eisenkugel, die mit einer Kette an einem Stück Holz befestigt war
Motte: künstlicher Erdhügel
Mundschenk: Verantwortlicher für die Getränke
Muslime: Anhänger des Islam, die Religion, die vom Propheten Mohammed im 7. Jh. n. Chr. gegründet wurde

N
Nasalhelm: Helm mit metallenem Nasenschutz

P
Page: Junge, der am Anfang der Ausbildung zum Ritter steht
Palas: siehe große Halle
Palisade: hoher Holzzaun
Peletower: kleiner Wohnturm
Pergament: dünne, geglättete Tierhaut, die man im Mittelalter als Schreibmaterial und wegen der Lichtdurchlässigkeit zum Teil auch als Fensterscheibe verwendete

Pfeilbauer

Pfeilbauer: Handwerker, der Schäfte für die Pfeile baut und die Federn anbringt
Pike: siehe Lanze
Polygonale Burg: Burg mit mehreren Türmen
Pranger: Holzvorrichtung, in die ein Verurteilter Kopf und Hände stecken musste

R
Rammbock: Holzstamm mit Eisenspitze, der in einem Holzrahmen hing. Mit ihm versuchte man Tore und Mauern einzurammen.
Ringmauer: Mauer um die Burg herum
Ritter: adliger Krieger zu Pferd
Ritterorden: Zusammenschlüsse von Rittern im Heiligen Land, die wie

85

Ritter

Mönche die Gelübde von Armut, Keuschheit und Gehorsam ablegten, aber gleichzeitig bewaffnete Kämpfer blieben

Ritterschlag: Schlag mit dem Schwert auf die linke Schulter
Rittertugenden: Tugenden, die ein Ritter erfüllen musste
Rüstlöcher: Löcher im Mauerwerk vom Baugerüst
Rüstung: Schutz aus Metallplatten, den die Ritter in der Schlacht trugen

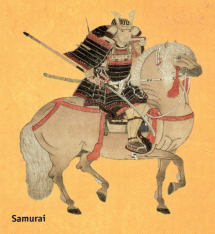
Samurai

S
Samurai: japanischer Ritter
Schatzmeister: Verantwortlicher für die Kasse des Burgherrn
Schellkeep: runde Turmburg mit Gebäuden entlang der Mauer; vorwiegend in England gebaut

Schellkeep

Schießscharte: Lücke in der Mauer, durch die geschossen wurde
Schlachtross: Pferd des Ritters für den Kampf
Schlüssellochscharte: Schießscharte für leichte Feuerwaffen
Schwertleite: siehe Ritterschlag

Söldner: Krieger, der gegen Bezahlung kämpft
Stechpuppe: Holzpfosten mit beweglichem Arm zum Üben für das Turnier

Stechpuppe

Streitkolben: Knüppel mit Eisenkopf
Sturmleitern: Leitern, die beim Bestürmen einer Festung an die Festungsmauern gelehnt wurden

Trebuchet vor und nach dem Abschuss

T
Tauschhandel: Bezahlen von Waren nicht mit Geld, sondern mit anderen Waren
Tilt: Zaun, der Ritter im Zweikampf trennt und schützt
Tjost: Zweikampf beim Ritterturnier
Topfhelm: zylindrischer Helm, oben abgeflacht
Trebuchet: Schleudermaschine, mit der man zielsicher Löcher in die Mauern schießen konnte
Tross: Begleitung eines adligen Herrn
Tunika: Waffenrock
Turnier: Wettkampf der Ritter im Lanzenstoßen
Turnierplatz: Platz, auf dem ein Turnier stattfindet.

U
Unterminieren: Graben eines Tunnels unter die Burgmauer, damit die Mauer einstürzt

Untervasallen: Vertreter des niederen Adels, deren Lehnsherrn Grafen oder Herzöge waren

V
Vorburg: Bereich, der mit Mauern umgeben ist und in dem Wirtschaftsgebäude stehen

W
Wachtmeister: Verantwortlicher für die Wachmänner
Wappen: Erkennungszeichen für adlige Familien

Wappen

Wehranlage: Burg für die Verteidigung des Umlandes
Wehrgang: Gang entlang des oberen Teils der Mauer aus Stein oder Holz, von dem die Krieger besser schießen konnten
Wohnturm: sehr hoher Holz- oder Steinturm, in dem die Burgbewohner lebten

Z
Zelter: Reitpferd für die Dame
Zinnen: Zacken und Aussparungen in abwechselnder Reihenfolge auf der Burgmauer

Zinne

Zins: Abgabe eines Teils der Ernte an den Lehnsherrn
Zugbrücke: Brücke vor dem Burgtor, die man hochziehen konnte
Zunft: Vereinigung von Handwerkern des gleichen Berufs

Redewendungen aus der Ritterzeit

Viele Begriffe, die wir heute noch kennen, stammen von den Turnieren.

Ins Schwarze treffen:
wenn ein Ritter mit der Lanze ins Ziel traf

Jemanden in Harnisch bringen:
wenn man einen Ritter zum Kampf herausfordert

Für jemanden eine Lanze brechen:
für einen anderen kämpfen

Jemanden in die Schranken weisen:
in die Schranken auf dem Turnierplatz

Jemanden aus dem Sattel heben:
den Gegner kampfunfähig machen

Jemandem unter die Arme greifen:
wenn der Ritter beim Kampf vom Pferd gefallen ist und selbst nicht mehr aufstehen kann

Jemanden im Stich lassen:
den Verlierer sitzen lassen

Sich aus dem Staub machen:
aus dem Staub des Turnierplatzes

Den Spieß umdrehen:
den Gegenangriff starten

Ritterfeste

Jedes Jahr werden in vielen Orten Ritterfeste veranstaltet, auf denen man einiges über das Leben damals erfährt:

Norddeutsches Ritterfestival in Slawendorf/Neustrelitz

Hochmittelalterfest auf der Burgruine bei Weinbach (mit Ritterturnier und 1700 Akteuren aus ganz Europa)

Kaltenberger Ritterturnier

Adressen
Deutschland
Deutsche Burgenvereinigung e.V. zur Erhaltung der historischen Wehr- und Wohnbauten
56338 Braubach
www.deutsche-burgen.org

Deutsche Stiftung Denkmalschutz
Koblenzer Straße 75
53177 Bonn

Wartburggesellschaft
Auf der Wartburg
99817 Eisenach

www.blinde-kuh.de/ritter
www.burgen.de
www.burgenring.de
www.burgen-und-schloesser.net
www.burgen-web.de
www.burgenwelt.de
www.weltderburgen.de.vu

Österreich
Österreichischer Burgenverein
Gonzagasse 9/4/20
A-1010 Wien
www.burgenverein.at

www.burgen-austria.com
www.schloesser-ring-oesterreich.at.tt

Schweiz
Schweizerischer Burgenverein
Postfach 1539
CH-4001 Basel
www.burgenverein.ch

www.burgen.ch

Wusstest du, dass ...

... ein kampfbereiter Ritter reich sein musste? Er brauchte mindestens drei Pferde: ein Packpferd, ein Reit- und ein Streitross. Jedes einzelne Pferd war so viel wert wie 45 Kühe! Das Kettenpanzerhemd kostete 20 bis 100 Ochsen, dazu kamen noch die Kosten für Schild, Schwert und Speere.

... die Kinder in einer Burg viele Spiele spielten, die wir heute noch kennen? Dazu gehörten Blindekuh, Himmel und Hölle, Bockspringen und Stelzenlaufen.

... Zugbrücken viel Platz brauchten? Sie bestanden meist aus dicken Bohlen, die über dem Burggraben lagen und von innen mit zwei großen Ketten über eine Achse aus Holz hochgezogen werden konnten. Dahinter wurde ein schweres Holz- oder Eisengitter heruntergelassen, das Fallgatter. So war der Eingang der Burg gleich zweifach gesichert.

Zugbrücke

... die Kreuzzüge Europa veränderten? Die Begegnung der Kreuzritter mit der muslimischen Kultur hatte einen großen Einfluss auf Europa. So wuchs durch die Kreuzzüge die Kenntnis von den Ländern auf der anderen Seite des Mittelmeeres. Kaufleute brachten Waren aus dem Orient nach Europa und mit diesen auch ihre Namen. „Zucker", „Limonade", „Orangen", „Muskat", „Zimt" und „Ingwer" sind Wörter aus dem Arabischen. Wissenschaftler beschäftigten sich nach arabischem Vorbild mit „Algebra" und rechneten erstmals mit der „Zahl Null". Andere machten „chemische" Experimente mit „Benzin", „Alkohol" und „Natron". Hohe Herren lernten „Gamaschen", „Jacke" und „Mütze" kennen und hüllten sich wie die Damen in „Damast", „Atlas" und „Taft". Es gab bunte Farben wie „Scharlach" und „Lila". Und das Wohnen auf den Burgen wurde gemütlicher durch „Matratzen" und „Sofas".

Register

A
Aberystwyth Castle 26
Abort s. Plumsklo
Adel 6, 7, 8, 10, 25, 28, 34, 40, 47, 50, 53, 62, 68, 72, 73, 75
Albrechtsburg 28, 80
Alcázar 28, 44
Almosenpfleger 9, 21, 84
Arzt 9, 43, 57

B
Badezimmer 6, 27, 28, 29
Bauer 8, 38, 43, 58, 59, 67, 69, 70, 74, 75
Beaumaris Castle 15, 26
Belagerung 19, 40, 42, 43, 58
Belvoir Castle 26
Blarney Castle 81
Bogen 45, 48, 67, 84
Bogenschütze 13, 45, 60
Brauhaus 19
Brücke 6, 10, 11, 14, 24, 34, 44
Burg Eltz 35, 80
Burg Erfurt 28, 80
Bürgermeister 73, 74, 75
Burggraben 33, 34, 35, 41, 42, 43, 44
Burggraf, -vogt 25, 56
Burghausen 80
Burgherr, s. Lehnsherr
Burgkommandant 9, 14, 60, 61, 63, 84
Burgtoranlage 14, 15, 20, 24, 26, 84
Büttel 58, 59, 72, 84

C
Caerphilly Castle 26, 77
Castel del Monte 30
Chillon 31
Corfe Castle 34, 80
Craigievar Castle 31

D
Dame 52, 53, 56, 57, 68, 64, 68, 69
Dorf 10, 11, 24, 64, 70, 74
Dreifelderwirtschaft 70

E
Edward I. 26
El Real de Manzanares 15
Eleonore von Aquitanien 51
Essen 61, 62, 63, 64, 65, 66

F
Falke 23, 68, 69
Falkner 9, 23, 68, 69, 84
Falknerei 68, 30, 84
Festbankett 17, 58, 62, 63
Feuerstelle 17, 18, 29, 34, 71
Framlingham Castle 14, 80
Friedrich Herzog von Schwaben 7
Friedrich I. 28, 80
Friedrich II. 30, 68, 76

G
Garten 14, 29, 35, 40, 57, 62, 70, 71
Gaukler 9, 62, 84
Gefangener 25
Gefängnis 13, 14, 35, 72
Geistlicher 8, 9, 20, 40, 50, 57, 61, 69, 75
Geld 8, 52, 75
Gemeindevorsteher 9, 59, 72, 84
Gericht 16, 56, 58, 59, 72
Gesetz 72
Gesinde 9, 27, 56, 62, 64, 84
Gewürze 19, 58, 64, 65, 74
Gilbert de Clare 26, 27
Glasfenster 28, 54
Große Halle 6, 10, 12, 14, 16, 17, 20, 80, 83, 84
Gusserker 33, 43, 45, 84

H
Handwerker 8, 36, 39, 70, 74, 75
Harlech Castle 26
Harnisch 46

Hausmeier 9, 17, 57, 58, 84
Heiliges Land 32, 76, 83, 84
Heinrich VIII. 35, 77
Heirat 57
Helm 46, 84
Herold 53, 54, 55
Himeji-jo 33
Hohensalzburg 80
Honig 62, 65
Hund 17, 23, 66, 67

J
Jagd 30, 66, 67, 68, 69
Jäger 9, 66, 67
Jahrmarkt 64
Japan 32, 33, 82

K
Kaiserswerth 80
Kämmerer 9, 59, 63, 84
Kammerfrau 9, 16, 51, 57, 84
Kanone 34, 35, 45, 49, 77
Kapelle 10, 12, 13, 14, 15, 20, 50
Kaplan 9, 21, 84
Kastellburg 15, 26, 27, 84
Kaufmann 8, 24, 64, 74, 75
Keller 19, 25
Kellermeister 9
Kemenate 13, 16, 84
Kenilworth Castle 63
Kerak 32
Kerker s. Verlies
Kerkermeister 9, 25
Kettenpanzer 46, 84
Knappe 9, 50, 51, 61, 84
Krak des Chevaliers 32
Krankheiten 25, 43
Kreuzritter 32, 84
Kreuzzug 25, 29, 32, 76, 84
Krieg, Kriegsdienst 25, 34, 49, 56, 60
Krieger 10, 11, 12, 14, 34, 40, 41, 43, 46, 48, 49, 50, 51, 60
Kronvasall 8, 84
Küche 13, 14, 17, 18, 20, 22
Küchenmeister 9, 19, 57

L
La Mota 30
Lagerraum 20, 35
Lanze *(Pike)* 24, 46, 48, 52, 61, 84
Leeds Castel 29
Lehnsherr 8, 9, 10, 17, 25, 28, 30, 33, 34, 35, 36, 34, 49, 50, 56, 57, 58, 59, 60, 70, 71, 72, 74, 84
Lehnswesen 8, 10, 34, 76, 77, 84

Lehrling 22, 75, 84
Leibeigener 8, 17, 34, 53, 56, 58, 59, 66, 67, 69, 70, 71, 72, 84
Ludwig II. 35, 77

M
Marksburg 80
Maschiskulis 45, 84
Minnesänger 51, 64, 65, 84
Mittlerer Osten 32, 83
Möbel 16, 22, 28, 29, 38, 71
Mordgalerie 45, 84
Mordlöcher 44, 84
Motte 10, 11, 12, 34, 41, 44, 76, 84
Mundschenk 9, 84
Musik, Musikanten 19, 11, 58, 62, 65

N
Narr 44, 63, 64
Neuschwanstein 35
Normannen 10, 11

P
Page 9, 50, 51, 53, 57, 61, 62, 63, 84
Palas, s. Große Halle
Palisade 10, 11, 12, 20, 84
Pest 34, 77
Pfeilbauer 22, 84
Pfeile 41, 42, 45, 56, 48, 67
Pferd 6. 23, 48, 5, 52, 61
Pilger 21, 55, 76, 81
Plumsklo 6, 13, 27, 28
Pranger 73, 85

R
Rammbock 41, 42, 44, 45, 85
Rhuddlan Castle 26
Richard I. Löwenherz 25, 80
Ringmauer 14, 15, 85
Ritter 8, 9, 10, 19, 25, 29, 32, 33, 46, 47, 48, 50, 51, 52, 54, 59, 60, 76, 85
Rittergut 58
Rittertugenden 50, 51, 85
Rochester Castle 34
Rüstung 19, 33, 6, 47, 48, 49, 52, 54, 61, 77, 85

S
Saladin I. 32, 83
Samurai 33, 85
Schandmaske 72, 73
Schatzmeister 38, 59, 85
Schauspieler, -steller 58, 62, 64

Schellkeep 12, 20, 76, 85
Schießpulver 34, 49
Schild 19, 39, 40, 46, 52, 54, 55
Schmied 9, 22, 38, 39
Schreiber 9, 17, 21, 56, 58, 59
Schusswaffen 45
Schwert 48, 49, 50, 52, 64
Siegel 56
Söldner 49
Spiele 57, 64
Sport 61, 64
Stadt 70, 74
Stall 10, 22, 40
Stechpuppe 61, 85
Steinbrecher, -bruch 36, 38, 39
Steinmetz 36, 37, 38, 39
Strohmatratze 16, 24, 41, 71

T
Tauchschemel 73
Teppich 16, 17, 28, 29, 39, 56
Tilt 52, 85
Tjost 52, 61, 85
Tower von London 76, 80
Trebuchet 42, 85
Treiber 66, 67
Tunika 46, 47, 54, 76, 85
Turm 12, 13, 14, 15, 24, 30, 35, 76
Turnier 50, 52, 53, 54, 85

U
Unterminieren, Untertunneln 13, 43, 85
Untervasallen 8, 85

V
Verbrechen 72, 73
Verlies 25
Verteidigung 10, 44, 60
Verwalter 9, 17, 58, 63
Vorburg 10, 11, 12, 85
Vorratsräume 12, 17, 18

W
Wachtmeister 9, 60, 72, 85
Waffen 8, 24, 46, 48, 52, 60, 61
Wald 6, 36, 60, 67, 71
Wandmalerei 16, 20, 28, 39, 56, 81
Wappen 17, 19, 46, 47, 53, 54, 75, 76, 85
Wartburg 31, 80
Wehrburg 32
Wehrgang 11, 14, 24, 38, 45, 85
Wehrturm 31
Wilderei, Wilderer 67

William I. 11, 76, 80
Wohnturm 10, 11, 12, 13, 14, 16, 19, 25, 31, 33, 35, 76, 85

Z
Ziegel 28, 30, 77
Zimmermann 9, 22, 36, 37, 38, 39
Zins 8, 56, 58, 59, 71, 85
Zugbrücke, s. Brücke
Zunft 75, 85

Die *kursiven* Begriffe findest du auch in den Worterklärungen.
Im Buch vorgestellte Burgen sind **fett** gedruckt.

Bildnachweis

(o = oben, u = unten, M = Mitte, r = rechts, l = links)

Umschlagvorderseite: E & E Picture Library/A. Towse; KHM Wien; Powerstock Ltd.; Gianni Dagli Orti/CORBIS;
Umschlagrückseite: Ric Ergenbright/CORBIS; Gianni Dagli Orti/CORBIS; Chris Hellier/CORBIS

S. 4/5: Michael St. Maur Sheil/CORBIS; S. 13: Orford Castle; English Heritage Photo Library; S. 15 ur: David Cumming;
Eye Ubiquitous/CORBIS; S. 16 Mr: Photo Scala, Florenz; S. 18 ol: AKG London; S. 20 Mr: Victoria and Albert Museum,
London/Bridgeman Art Library; S. 21 ur: Bibliothèque Municipale, Rouen/Bridgeman Art Library; S. 24 u: National Trust
Photographic Library/Alasdair Ogilvie; S. 25 or: Archivo Iconografico S.A./CORBIS; S. 26 ul: Historical Picture Archive/
CORBIS; S. 26-27 u: Robert Estall/CORBIS; S. 28 or: Ric Ergenbright/CORBIS; Mul: Albrechtsburg Meissen; S. 29 or: Angelo
Hornak/CORBIS; Mr: Arte & Immagini srl/CORBIS; ul: The British Museum; S. 30 M: Archivo Iconografico S.A./CORBIS;
Mr: Massimo Listri/CORBIS; u: Michael Busselle/CORBIS; S. 31 oM: RCAHMS/SCRAN; or: Archivo Iconografico S.A./CORBIS;
u: Michael S. Vamashita/CORBIS; S. 32 ml: Michael Nicholson/CORBIS; or: Archivo Iconografico S.A./CORBIS; S. 33: Craig
Lovell/CORBIS; or: Sakamoto Phot Research Laoratory/CORBIS; S. 34 ul: Jean Hall; Cordaiy Photo Library Ltd./CORBIS; or:
E & E Picture Library/J. Litten; S. 35 ur: Premium Stock/CORBIS; S. 38 ul: Archivo Iconografico S.A./CORBIS; S. 42 ul: Chris
Hellier/CORBIS; S. 44 ul: E & E Picture Library/A. Towse; S. 47 r: KHM, Wien; S. 49 or: Christel Gerstenberg/CORBIS; ur: Ted
Spiegel/CORBIS; S. 50 ul: Powerstock Ltd.; S. 51 or: Powerstock Ltd; S. 54 l: Gianni Dagli Orti/CORBIS; S. 55 uM: Gianni Dagli
Orti/CORBIS; S. 56 or: The British Museum/Heritage-Images; S. 57 ol: AKG London; S. 58 ur: Trinity College Cambridge/
Bridgeman Art Library; S. 64 ol: AKG London; or: Leonard de Selva/CORBIS; S. 65 ur: Howard Allman; S. 66 m: Bibliothèque
nationale de France, Paris; S. 68 ul: Chris Hellier/CORBIS; or: The Art Archive/Musée Condé Chantilly; S. 70 M: Christel
Gerstenberg/CORBIS; S. 72-73 ul/or: Kriminalmuseum Rothenburg; S. 91: David Dixon; Papilio/CORBIS

Danksagung an

John Russell, Struan Reid, Katie Daynes, Henry Brook, Timothy Duke, Chester Herald, Christina Asbeck (Kriminalmuseum
Rothenburg), BL Kearley Ltd., Milan Illustrations Agency, Virgil Pomfret Agency

Bibliografische Information Der Deutschen Bibliothek

Die Deutsche Bibliothek verzeichnet diese Publikation in der
Deutschen Nationalbibliografie; detaillierte bibliografische
Daten sind im Internet über **http://dnb.ddb.de** abrufbar.

3   05 04

©2003 Ravensburger Buchverlag Otto Maier GmbH für die deutsche Ausgabe
Alle Rechte, auch die des auszugsweisen Nachdrucks, der fotomechanischen
Wiedergabe und der Übersetzung, vorbehalten
Titel der Originalausgabe: The Usborne Book of Castles
© 2002 Usborne Publishing Ltd.
All rights reserved
Text von Lesley Sims
Illustrationen von Dominic Groebner, Sally Holmes, Inklink-Firenze, Sergio,
David Cuzik, Ian Jackson, Justine Torode

Deutsche Ausgabe:
Übersetzung aus dem Englischen: Susanne Rebscher
Umschlaggestaltung: Sabine Reddig
Typografie und Satz: Carsten Abelbeck
Produktion: agenten.und.freunde Kommunikationsdesign,
München
Printed in Germany
ISBN 3-473-35832-0

www.ravensburger.de

Wissen für Kinder bei Ravensburger

Das Ravensburger Schülerlexikon
Das moderne Wissen in 11 Sachgebieten zum schnellen Nachschlagen. Über 15 000 Abbildungen, ca. 50 000 Fakten.
ISBN 3-473-**35459**-7

Das große Ravensburger Buch des Wissens
1000 Fragen und Antworten zu faszinierenden Wissensgebieten. Ca. 5000 Fakten, rund 1500 farbige Abbildungen.
ISBN 3-473-**35761**-8

Der große Ravensburger Naturführer
Hier werden Tiere und Pflanzen in ihren Lebensräumen gezeigt. Über 2000 Abbildungen helfen beim Bestimmen der Arten.
ISBN 3-473-**35883**-5

Das große Ravensburger Tierlexikon von A–Z
Das erfolgreiche Tierlexikon stellt in alphabetischer Reihenfolge über 700 verschiedene Tierarten und alle Lebensräume der Erde vor.
ISBN 3-473-**35640**-9

Gute Idee.

Ravensburger